The Old Towns of ChongQing

邓士伏·著

# 龚滩

## 巴渝古镇

乌江岸边，一个参与武王伐纣的民族建立的古镇，傲然临风。
武陵山中，一个拥有最多非物质文化遗产的古镇，堪为翘楚。

重庆出版集团 重庆出版社

图书在版编目(CIP)数据

龚滩 / 邓士伏著. —重庆: 重庆出版社, 2023.10
ISBN 978-7-229-14787-7

Ⅰ.①龚… Ⅱ.①邓… Ⅲ.①乡镇—概况—重庆 Ⅳ.①K927.19

中国版本图书馆CIP数据核字(2020)第272509号

## 龚滩
### GONGTAN
邓士伏 著

策　　划：郭　宜
责任编辑：张　跃　吴越剑
责任校对：何建云
装帧设计：刘　洋
摄　　影：邓晓笳(署名者除外)

重庆出版集团
重庆出版社 出版

重庆市南岸区南滨路162号1幢　邮政编码：400061　http://www.cqph.com
重庆出版社艺术设计有限公司制版
重庆一印包装印务有限公司印刷
重庆出版集团图书发行有限公司发行
E—MAIL：fxchu@cqph.com　邮购电话：023-61520656
全国新华书店经销

开本：787mm×1092mm　1/16　印张：14.75　字数：190千
2023年10月第1版　2023年10月第1次印刷
ISBN 978-7-229-14787-7
定价：76.00元

如有印装质量问题，请向本集团图书发行有限公司调换：023-61520678

版权所有　侵权必究

危岩上的吊脚楼

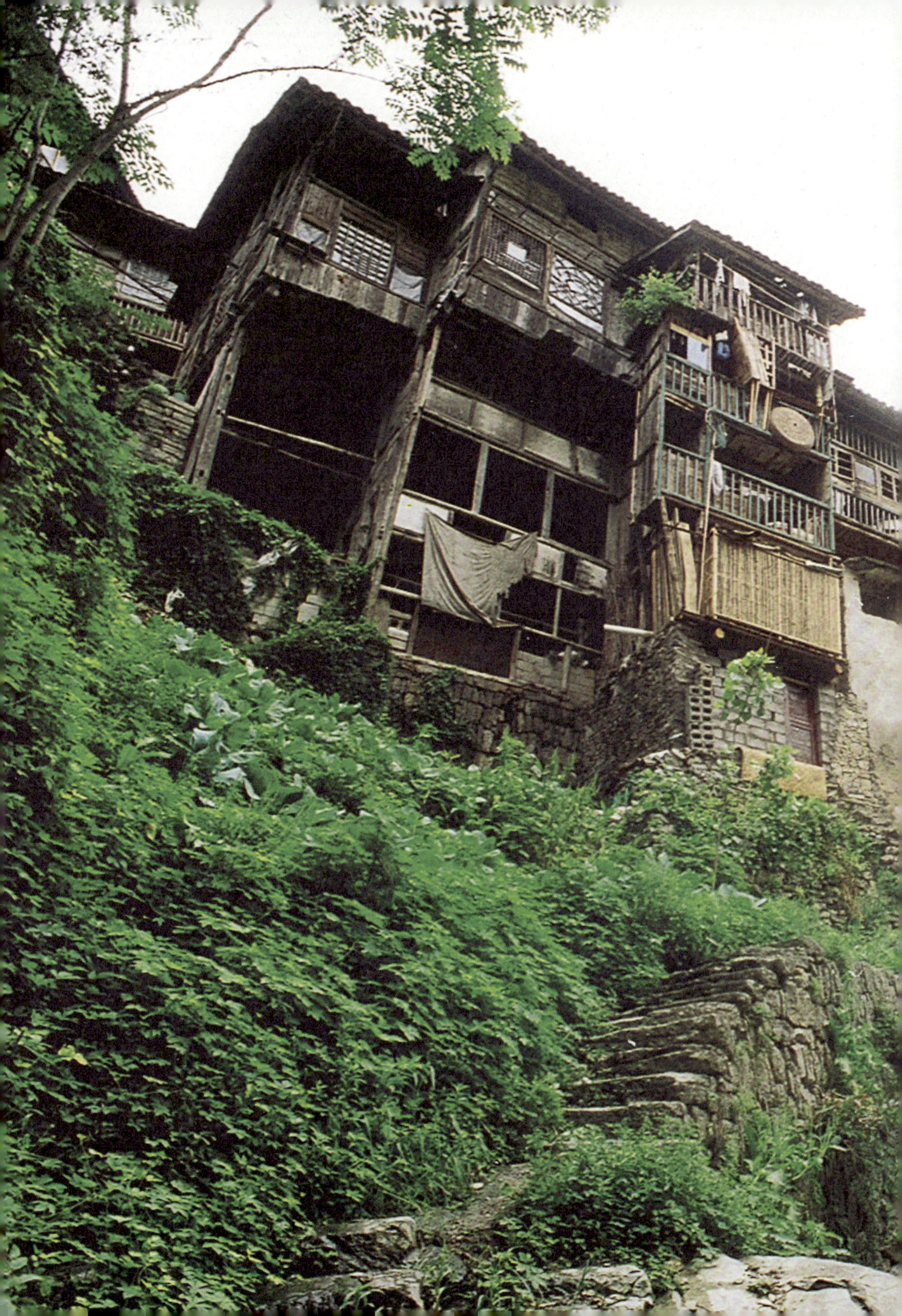

危岩上的吊脚楼

龚滩下街吊脚楼

# 《巴渝古镇》丛书序

古城、古镇、古村落，在"古"字系列的现代旅游版图中，古镇处于承上启下的中层地位，数量比古城多，品质比古村落高，举足轻重，备受青睐。要振兴乡村，包括古镇在内的乡镇也是龙头，乡镇不活，村即难兴。

镇，作为县下的一种行政建置，源头在于上古里邑。至迟从西周开始，凡有人聚居处，二十五家即成为一里。里又指商贾聚集的地方，《国语·齐语》称之为"十轨为里，里有司"。邑则是最早形成的城市，大称都，小称邑。城市的产生，与文字使用、青铜冶炼共同构成文明滥觞。所谓"十轨为里"的里，发展到相当规模，就可能演变为邑。从秦汉直至隋唐，里和乡一直都是县以下的基层组织。唐代已是有户为里，五里为乡，皆设有司督察民风。宋代的经济社会繁盛空前，开始在人口稠密、市集兴旺的乡一级地方设镇。如宋人高承《事物纪原·库务职局》所说："民聚不成县而有税课者，则为镇，或以官监之。"镇的监官虽尚未入品，却得授权掌管全镇商税及民政。元明两代沿用其例。至清代一变，派驻市镇的巡检有了官阶，为从九品。至民国又一变，人口五万以上的村庄屯集地方称镇，人口不满五万的村庄屯集地方称乡，都设县下一级行政治理机构。

直辖后的重庆市，实行市、区（县）、乡（镇、街道）三级行政体制。二十多年来，乡、镇、街道经过不止一次的整合，乡的数量已大为减少，镇和街道数量则明显增多。2016年1月6日，重庆市规划局、市地理信息中心发布《2015重庆区划调整地图》，确认了截至2015年底，全市38个区县中，有乡200个（含14个民族乡），镇612个，街道213个，合计1025个。我们这套丛书指认的"巴渝古镇"，主要就在这612个镇当中。其所以未称"重庆古镇"而称"巴渝古镇"，是因为当今重庆系由历代巴渝演进而来，重庆的地域历史文化通称"巴渝文化"，在文化上认祖归宗，鉴古知今。

巴渝文化源远流长，异彩纷呈。在有文字记载的，长达3000多年的历史进程当中，历朝历代的巴渝住民创造出了烙着巴渝印记的物质文明、精神文明、制度文明（风俗、习惯）和生态文明，也给后人留下了重庆母城，以及众多古镇。早在1986年，重庆便成为了第二批国家历史名城。作为历史文化名城的重庆构件之一，2003年至今，在国家住房城乡建设部、国家文物局先后七批评定的固定历史文化名镇长廊里，重庆已有渝北区的龙兴镇，九龙坡区的走马镇，北碚区的偏岩镇（现金刀峡镇），巴南区的丰盛镇，江津区的中山镇、白沙镇、塘河镇、吴滩镇、石蟆镇，永川区的松溉镇，荣昌区的路孔镇（现万灵镇），铜梁区的安居镇，潼南区的双江镇，合川区的涞滩镇，綦江区的东溪镇，涪陵区的青羊镇，黔江区的濯水镇，酉阳县的龙潭镇、龚滩镇，石柱县的西沱镇，万州区的罗田镇，开州区的温泉镇，巫溪县的宁厂镇等23个古镇联袂上榜，约为全国名镇总数312个的7.7%。沙坪坝区的磁器口古镇现为街道，故不在其列，但知名度和美誉度绝不在这些名镇之下。另外一些重庆高级的历史文化名镇，例如酉阳县的后溪镇、秀山县的洪安镇和巫山县的大昌镇之类，文化涵蕴和自然风光也不遑多让，各具特色。我们这一套《巴渝古镇》丛书，描摹对象主要取自于前者，同时兼顾到了后两者，着眼点就在尽可能充分地反映重庆市的古镇风貌。

回顾巴渝文化的演进历程，不难清晰地发现，人的聚居方式是与经济社会发展相生相伴同向而行的，由里至邑、里邑共济的二元结构渐次形成势在必然。这其间，镇之成为一种区划虽然始于宋，但称里称乡早已有之，追本溯源不能拘于有无镇之名。据文献、文物从实考察，所有的巴渝古镇，或肇端于秦汉，或兴起于唐宋，或隆盛于明清，或扩张于民国，古远长短确有差异。但并不一定产生早就发展好，后之来者也可居上。在某一阶段，一些镇还曾作过县治，这比通常既"乡镇"合称，又"城镇"全称，更能体现出镇在属性上偏重于城，现代"城镇化"即由之而来。它们的共性在于，饱经历史风刀雨箭的冲刮，迄今仍然保存着相对而言特别丰富的文物，而且具有比较重大的历史价值或纪念意义，能够较完整地反映一些历史性的传统文化岁月和地方民族特色。在此前提下，又各具个性，或为乡土民俗型，或为传统文化型，或为民族特色型，或为商贸交通型。只不过，每一型都不是单一的形态，而是多种元素共生的混合形态，其中还不乏革命文化的红色元素。

支撑古镇的各种文物中，传统建筑最为尊显，最为珍贵。它们本身就是文化的结晶，同时也是历史的见证。它们好比巴渝地区的《清明上河图》部分本原，无可替代，无可克隆。它们融合式地积淀着中华传统建筑多种风格流派的丰厚文化精蕴，大音无声，庄严而恬静地演唱着巴渝文化交响乐。不需要刻意搜寻，今人和后人就可以直观地感受到，出自远古西南山林的，巴人先民习用的，迄今仍广见于川、渝、云、贵地区的干栏式建筑，及半干栏式吊脚楼建筑，乃是川派建筑的典型符号。而这典型符号，在山水之都重庆尤为彰明较著，浑同巴渝建筑标志，哪个古镇仍然保存着，哪个古镇就特别具有巴渝灵韵。重庆历来又是一个移民城市，尤其是清初"湖广填四川"，填川移民将其他地域的建筑艺术也传入了巴渝地区。其中最为特殊的当数皖派（徽派）建筑，它那青瓦白墙的基本配置，它那防火马头墙造型及其功能，它那民居、祠堂、牌坊"三绝"和木雕、石雕、砖雕"三雕"，很大程度上已反客为主成为清至民国年间巴渝建筑的标配。其次是苏派建筑,它那脊角翘高的屋顶、风韵别致的门楼,以及粉墙、黛瓦、明瓦窗和走马楼、过街楼,乃至藏而不露、曲径通幽的亭阁、园林,同时态的传播影响也迫近皖派。其他如京派的四合院对称布局,晋派的大院造型、窑洞造型,闽派的圆楼、方楼结构,亦有不同程度的影响。晚清重庆开埠前后,教会和洋商相继入渝,还带来了欧洲巴洛克建设样式。因此,但凡游古镇,千万不能放过了多元化和多样性的传统建筑,它们就是古镇肌体。

　　古镇肌体并非只具有物质属性,各个流派的建筑理念,都深寓着天人合一的哲学观念及和合为美的审美意识,这些要素合构成了传统建筑的精神内核。由之引申出,几乎所有古镇的初始建筑及其群落都注重取势,依山傍水,负阴抱阳,与周边的生态环境自然地融合,内部的天井、木石之类配置也与其协调。更重要的是,建筑的使用主体是人,人的生存和发展,特别是人与自然和社会相关联的创造性活动,更赋予它们人文属性。尤其是各种历史文化名人,他们的德行、经历、故事、遗物,都连接着他们的故居、宗祠、书院、行迹,跨越时空仍是所在古镇赖以扬名的一种珍稀文化资源。如果某座古镇还与重要历史事件结下了不解之缘,那么,事件所系的一切实体,也与历史虚实相生,构成另一种弥足珍贵的文化资源。凭借这两大文化资源,引领镇域以内的寺庙、宫观、会馆、井肆、街巷、桥梁、码头、义渡、纤道、盐道之类的遗存或者遗迹,并且勾连确具地方、族群特色的民风民俗、美食美景,文化的丰厚性和灵动性就呼之欲出。让它们与旅游融合,就能给旅游增添鲜活的灵魂。

　　时迄于当下,巴渝古镇文旅融合得好的还是少数,多数仍处在顺流逐潮阶段,因而既有差距,更有诱人的开拓空间。这就迫切需要多方配合发力,在坚持做到积极保护的前提下,有序探索合理利用的有效途径。我们编撰出版这一套《巴渝古镇》丛书,出发点就在为之尽一分心,出一分力。本着唯真唯实、好读好用的原则,一个镇出一本书,每本书都图文相济,多侧面地逐个介绍巴渝古镇。

我们由衷地期盼，这套丛书能对文化旅游管理者，旅游经营者和从业者提供一些参考，多少有所启发。主要的适用对象，则是广大旅游爱好者，寄望他们借助这一套丛书，更加真切地了解巴渝古镇，从而进一步喜欢巴渝古镇，以促成巴渝古镇游出现一派新面貌。

蓝锡麟　2019 年 4 月 18 日于淡水轩

# 感悟龚滩

**分序**

    龚滩，不过一座乌江峡谷中的偏僻小镇，然而她却具有一种说不清道不明令人心驰神往魂牵梦绕的神奇魅力。

    "人世有代谢，往来成古今。"四野茫茫，山川悠远。岁月在龚滩蹒跚而行，漫不经心地将印痕洒落在她的群山谷地之间。龚滩，浓缩了巴渝先民的古往今来；龚滩，是土家民族的岁月章回。

    岁月凝固在乌江岸边。

    千古乌江，从混沌苍莽中奔来，带着原初的一江豆绿，在这绝壁夹岸的石滩上，激起了白色的浪花。纤夫的号子，被涛声吞没，意志和激流，在生死决斗。任狂涛荡涤心胸，任血汗冲刷江岸。那稳健的步伐和刚毅的双肩，终将满载的一船船武陵远古文明拖入了长江，汇入了中原。纤道上，刻下了纤夫赤足的脚印，一行行、一排排，交错重叠；纤绳，在峭壁上锉出了深深的凹槽，一道道、一条条，连绵不断。靠它，文明完成了一条悠远绵长的连接，用几千年的时间。

    岁月凝固在石板小路。

    龚滩的路，比龚滩还要古老，它和巴人的历史一样漫长。古代巴人风尘仆仆走过几千年的路，就是从这些荒山野岭中开始的。镇上的路本不宽，两边屋檐一遮，头上仅剩一线天。那路上，从未响

老龚滩远眺

起过急宣王命的马蹄声,也难得展示土司衙署的仪仗。那是地地道道的乡镇小路。然而,那青石板上,不知浸透了多少脚力背夫艰辛的血汗,洒落过多少哭嫁姑娘伤心的泪水;那青石板上,常年回响着"竹枝"情歌的优雅曲调,震荡着摆手歌舞的欢快节奏。石板小路上,充满了艰辛,也充满了幻想。踏上龚滩的石板小路,步步陷入悠远的梦境。

岁月凝固在干栏老屋。

那一排排穿斗房,一串串吊脚楼,"蛮"味依旧,古风犹存。它们是土家祖辈生活的空间和时间。那里保留着土家先民的流风遗俗,隐藏着远古巴人的巫鬼神话,在狭小的空间中涵纳了丰富的时间。老屋的建筑格局素无定制,或越沟跨涧,或攀岩梭坡,或悬挑凌空,各抱地势,钩心斗角。与其说是不归王化的随意散漫,毋宁说是浑然天成的潇洒浪漫。那是土家先民"情态艺术"的杰作。几千年来,那谦卑而自信,质朴而坚韧的干栏老屋透露出一种豪放的忧伤，一股崇高的悲怆。它展示了另一种存在：淡泊宁静，一尘不染。

……

时间无始无终，前后都是永远。一首首田园曲，余音绕梁；一幅幅风俗画，满纸烟岚。莫不是时光流转？莫不是梦回前缘？

翻开武陵山的历史长卷，土家先民的往昔生活重又唤起，远古巴人的记忆碎片重又拼连。那一丝丝依稀残存的真实，恍若天边的云朵，飘然而来，如梦如幻。民族的血脉、祖先的情怀、岁月的回光、历史的风烟，熔铸成一个永恒的瞬间——龚滩。

时光的脚步散落在老龚滩的石板小路上

老龚滩临江吊脚楼和通向江边的石板路

老龚滩屹立百年的"丁"字头临江吊脚楼

第三章 ● 万古干栏　武陵幽居 85

　一　悠悠吊脚楼 87

　二　龚滩胜迹 106

　三　龚滩人家 127

第四章 ● 繁华落尽　犹有余香 161

　一　古镇换新装 165

　二　风物显神采 188

结束语 211

# 目 录

《巴渝古镇》丛书序 1

感悟龚滩分序 6

## 第一章 · 百世沧桑 岁月如梦 1

一 从蛮王洞说起 3

二 武陵烽烟 13

三 地理迷宫中的龚滩 25

四 龚滩镇的盛衰 32

## 第二章 · 千里江峡 巴人遗风 43

一 一个崇拜白虎的民族 45

二 《竹枝词》·巴渝民歌·土家风俗 51

三 千年摆手到如今 69

四 檐灯闪烁 74

五 黄葛绿云 80

# 第一章 百世沧桑 岁月如梦
## BAISHI CANGSANG SUIYUE RUMENG

土家民族起源于混沌初开的洪荒时代，甲骨文称其所居之地为"巴方"，语焉不详。那个时代实在太早，早得神话传说和历史真相纠缠不清，难以甄别。我们沿着时间之河逆流而上，去探寻巴渝先民渺远的足迹……

乌江西岸崖壁上的蛮王洞

# 一　从蛮王洞说起

1

　　洞口森森树色青，洞中楼阁半藏形。
　　楼下大江东逝水，浪花翻处白如银。

　　此诗为清末龚滩诗人杨芝田所题，书写于龚滩镇二河坝附近乌江对岸悬崖峭壁上的一菱形溶洞旁。这个溶洞便是龚滩也是整个土家族地区最古老的文化遗迹——蛮王洞。它是龚滩的标志性景观。从蛮王洞说起，我们便可以了解土家文化时间性的流播传承，进而认识作为延续这种传承的空间舞台之一的龚滩。

　　现在龚滩的主要居民是土家族，土家族是古代巴人的嫡裔，也是蛮王的后代。

　　蛮王洞内曾长时间供奉着蛮王巴子酋像，它是两千多年来土家人崇拜的偶像。洞口曾建有两座庙宇，为木质结构。楼阁相错相叠，也颇有几分壮观。那是专为祭拜巴子酋而修建的。然而长久的岁月已使庙宇和蛮王像荡然无存，蛮王洞已无遮无掩，直接面对着自己的母亲河。四周悬崖耸峙，无路可寻，仅有江边一羊肠小道蜿蜒而上通向洞口，别无出路。洞左侧不远的崖壁上，看得见"惊涛拍岸"四个大字，那是清代书画家、诗人孙竹雅的手书。

　　汹涌的江水和悬崖峭壁阻断不了土家人崇敬祖先的一片虔诚和对风调雨顺的期盼，每至正月十五蛮王香会时，洞口总是香烟袅

蛮王洞旁的"惊涛拍岸"刻石

袤，人头攒动。

战国时代，位于西南一隅的巴国领有今之整个重庆辖区以及川东、湘西、鄂西一带。其都城先后位于今重庆、合川、丰都、阆中等地。

公元前316年，秦灭巴国，占领其都城江州（今重庆），于是便有了蛮王巴子酋的传说。

古代，中原华夏族将南方少数民族统称为"蛮"，这里说的"蛮王"便是古代巴国的一个部落酋长。

秦灭巴后，巴子有兄弟五人，为避秦害，流入五溪。其中一支以巴子酋为首，部族百余人由今之涪陵溯乌江而上向西溪开进，途中遭当地人阻击而被困于洞中。族人据洞固守，相持数年，不断发生争斗。其后巴子酋改变了武力略地的策略，率众助当地人农耕稼穑之事，终与当地人通好。在当地人的协助下，巴子酋得以向东南方向推进，并被推举做了西溪之长。为此，后人便建了蛮王洞庙宇，祭拜蛮王巴子酋。相沿成习，便有了后来的蛮王香会。

这只是一个故事梗概。在土家人的叙述中，充满了离奇的神怪故事，如什么艰难之时洞内的梭米洞中流出白米来，接济了饥饿难耐的族人，什么王母娘娘托梦给巴子酋点拨如此这般行动云云。那

巴式兵器（重庆中国三峡博物馆藏） 器身上均饰有虎头图案。

个时代实在太早，早得神话、传说和史实纠缠不清。如果在龚滩住上几天，你准会听到关于这个故事的不同版本的描述。

民间口头传说本不足为证，然传说毕竟是历史的影子，撩开其虚幻的迷雾，我们还是不难从中发现一些残乱的真实，寻出土家祖先活动的一些蛛丝马迹。

## 2

史书上还记载了更早的传说。西汉刘向所撰《世本》一书便有关于"廪君"的记述，这个故事早在秦灭巴以前：

蛮王洞旁的藏文刻石（拓片，士伏拓） 碑石上镌刻着藏族人历史上"文言"的宗教吉祥语。据此可知，蛮王洞的香火曾极为旺盛，连藏传佛教的信徒也要来朝拜。当然，这是蛮王洞被和尚占据而供上了菩萨以后的事。

廪君之先，故出巫诞。巴郡南郡蛮，本有五姓：巴氏、樊氏、曋氏、相氏、郑氏，皆出武落钟离山。其山有赤黑二穴。巴氏之子生于赤穴，四姓之子皆生黑穴。未有君长，俱事鬼神，乃共掷其剑于石，约能中者，奉以为君。巴氏子务相乃独中之，众皆

第一章 百世沧桑 岁月如梦

叹。又令各乘土船，约能浮者，当以为君。余姓悉沉，惟务相独浮，因共立之，是为廪君。……

其实，这个带有浓厚神话色彩的古代传说倒还较为真实地反映了巴人起源的历史。这个传说也被近年来的考古发掘所证实。廪君被五姓共推为君，实则说明五姓部落联盟的形成。史书上称巴人为"廪君蛮"便是由此而来。其时当为巴人的原始氏族公社阶段，早在蛮王巴子酋一千多年前。

《世本》中关于廪君的故事很可能是刘向根据巴人的口头传说记录下来的。其后的记载还让我们看到了巴人的迁徙路线。巴人最早居住在武落钟离山，即今之湖北长阳县境内。廪君率巴族以独木舟溯清江而上进入鄂西山区，并在此与一个以"飞虫"为图腾的盐神母系部落发生战争，且取得了胜利。

巴人以鄂西山区为根据地，继续向西推进发展，曾占据了今重庆全境及川东、湘西、黔东北，其控制范围甚至达到了陕西南部的汉中，逐渐发展成为一个具有较大影响的国家。当然，这里所说的"国家"，不过是部落联盟而已。

## 3

在殷墟出土的甲骨文中已发现有"巴方"的记载。武丁时（前1250—前1192年），妇好伐巴方，说明了巴方这个部落联盟的强大，强大得足以使一个远离它的中原王朝感到不安，不惜兴师动众，千里迢迢前来征讨。

公元前1046年，巴人参加了武王伐纣的战争。晋人常璩所撰之《华阳国志》载："周武王伐纣，实得巴、蜀之师，著乎《尚书》。巴师勇锐，歌舞以凌，殷人前徒倒戈，故世称之曰'武王伐纣，前歌后舞'也。武王既克殷，以其宗姬封于巴，爵之以子。"巴人在这次战争中有功，周授予了巴爵位。

周代有公、侯、伯、子、男五等爵位。按周的规矩，凡远离中原的蛮夷，无论势力多强，贡献多大，地域多广，所封爵位均不得超过"子"。所以，东南的吴国、中南的楚国及西南的巴国，所获之爵位均为"子"。可见巴国的地位尚不及中原的各诸侯国。

土家人传说中的蛮王巴子酋这个称呼中的"子"，恐怕就是指的爵位。

战国时代，巴人势力衰减，它曾力图在北面的秦国、东面的楚国以及西面的蜀国三方的夹缝中间保持独立，求得生存。然而实属无奈，它既不得不依附于楚，又不得不向秦纳贡，国势维艰。

战国末期，巴国发生了一件可歌可泣的悲壮故事。这是巴国有案可稽且为数不多的大事件之一。《华阳国志》作了如下记载：

> 周之季世，巴国有乱，将军有蔓子请师于楚，许以三城。楚王救巴。巴国既宁，楚使请城，蔓子曰："借楚之灵，克弭祸难，诚许楚王城，将吾头往谢之，城不可得也！"乃自刎，以头谢楚使。王叹曰："使吾得臣若巴蔓子，用城何为！"乃以上卿礼葬其头；巴国葬其身，亦以上卿礼。

龚滩文昌阁（采自《龚滩区志》）　三层飞檐，六面柱冲顶，铜质风铃。毁于"文化大革命"时期。文昌阁的建立，证明了龚滩曾是一个人文荟萃之地。

龚滩李氏贞节牌坊（采自《龚滩区志》） 高八丈，宽丈余，石刻彩瓷雕塑，前后有石狮、石象各一对，毁于"文化大革命"时期。

　　宁可杀身取义以头换城也不能割地辱国，这是一位何其铿锵豪迈的忠烈之士。所以自古便有了"巴有将，蜀有相"的说法见诸逸史。这"巴有将"，便是自蔓子将军始。可以说，二千多年前"断头将军"蔓子舍生取义的刚烈精神便为今天的"重庆精神"奠定了基调。

　　蔓子将军是巴人的民族英雄，蔓子将军为巴国书写了值得骄傲的历史。此后，巴国势力又曾一度扩大。然巴国丰饶的土地和出产始终是秦楚两国觊觎的目标。在强秦和强楚面前，巴蜀两国本应戮力同心，联合御敌，方能求得生存。然而，至周慎靓王时，两国国君都犯了违背这一战略思想的致命错误，相互猜忌，致使巴、蜀两国在中国历史上早于六雄而消失。

公元前316年，蜀王之弟苴侯守汉中，与巴的关系甚为密切。这本不是坏事，然蜀王却派军伐苴侯。苴侯逃奔巴境，寻求庇护。此时，巴王居然主动请求秦国出兵援助。此举正中秦惠文王下怀，意欲兼并天下，正好借此一试牛刀。于是遣张仪、司马错率军从金牛道南下，擒杀蜀王及太子，一举灭掉蜀国。让巴王万万没有料到的是，秦军余勇可贾，继而挥师东下，巴国毫无戒备，被秦军一口吞并，巴王被俘，部族四散。

可怜泱泱三巴，立国七百余年，地跨川、鄂、湘、黔，大好河山，毁于一旦！

4

随着秦军的占领，巴人的势力彻底瓦解。秦置巴郡，尽管以巴氏为蛮夷君长，并以秦女下嫁巴人首领以笼络巴族，然刚烈之士，岂能忍受亡国之辱？巴子五兄弟，只得率残部向东南方向逃窜，至武陵山区方才求得一喘息之机。蛮王巴子酋的传说，便是从这里开始的。

当巴郡建立起来，巴国故都的遗址上高高耸立起"仪城江州"

西秦会馆　建于清光绪年间，至今仍是老龚滩最高大雄伟的建筑。谁能设想，那巍峨的高墙内，曾经隐藏着多么精明的思想和智慧，多么显赫的财富和声望。

乌江边悬崖峭壁上的吊脚楼

　　坚固城垣的时候，巴人开始在武陵山区这片混沌未开的蛮荒之地筚路蓝缕，开启山林，重建家园。

　　蛮王洞内的巴子酋像塑起来了，蛮王洞口的祭拜香火燃起来了，这个天然溶洞在巴人心目中的神圣地位确立了，人们定期来到这龚滩峡谷中顶礼膜拜。此时，中原正逐渐掀起"百家争鸣"的高潮：孟子四处奔波兜售他那效法先王施行仁政的政治主张；荀子在稷下学宫高谈阔论着他那"人定胜天"的理论思想；邹衍埋头于阴阳图谱摆弄他那五行轮回的神秘阵式；而庄子却始终在荒野中恍兮惚兮地做着他那没完没了的蝴蝶梦……

乌江边的老木楼

邓家岩上的老木楼　别看这栋三层老木楼不起眼，解放初期还是龚滩的中国人民银行大楼呢。现为民居，并被开辟为"木王客栈"。

## 二　武陵烽烟

1

巴人迁徙至武陵山区以后,"巴"作为国名已不复存在,作为族名也日渐被人淡忘,以至于后来的许多历史学家认为巴人已神秘地消亡。可"巴"作为地名却长期流传了下来。"巴山夜雨""巴江夜猿""鹰瞵鹗视雄三巴"以及现在常说到的"巴渝文化"等中的"巴"都仅仅是就地域而言,指巴国曾领有的大片土地。徐悲鸿有幅名画《巴人汲水》,这里的"巴人"也并非是古代"巴人"的意思,而是"巴"地的人,确切地说,是指重庆人。

龚滩镇所依的凤凰山马鞍城　金头和尚领导的苗族农民起义军曾占据此山铸成"铁围城"与官军对峙。

古代巴人的文字刚萌芽，还处于简单的符号阶段，被称为"巴人图语"，尚未留下任何可资考证的文字记载。而中央王朝历代官方修史又均以王朝更迭、国内战乱为主线，故在汉文典籍中保留下来的有关古代巴人的记载，往往都与战争有关。

至三国时代，各种政治力量相互争夺巴地。孙权占巴地，利用其拒蜀。刘备占巴地，又以巴抗吴。夷陵"火烧连营七百里"，刘备永安宫托孤，呜呼哀哉，吴又占巴地。魏灭蜀，魏又与吴争夺巴地。魏以巴人为先锋攻入吴辖地，遭到吴军血腥屠杀。

巴地成了一方棋盘，却有多方人马在上面厮杀；巴地犹如耶路撒冷，犹太教被赶走了基督教来，耶稣被赶走了真主来。

王朝像走马灯似地改换，历史就这样延续下来。当然也有歌舞升平的时候，唐宋时期，巴人就度过了一个相对稳定的和平发展阶段。大唐盛世，远古巴人的乐园神话也曾一度灵光闪现。

然而合久必分，泰极而否。金人北来，宋室南渡，华夏大地又一分为二。"靖康耻，犹未雪"，北国的半壁江山便被风华正茂的新皇帝和老态龙钟的旧廷臣抛诸脑后，抱残守缺也活得有滋有味，"暖风熏得游人醉，直把杭州作汴州"。

在蛮王洞处眺望二河坝码头 这是龚滩的下游码头。昔日，乌江下游乃至长江各地的客货船上行，到此均得下客卸货。

沿石梯坎爬上去，左侧这高高的堡坎上，就是当年龚滩繁荣时期最大的盐业仓库——半边仓。

不料，洞庭湖的一股狂飙却把西子湖畔的暖风一扫而空，天下顿时一派腥风血雨。

"天大圣"武陵人钟相和"大圣天王"杨幺率众起义。数十万人兵农相兼，陆耕水战，"等贵贱，均贫富"，焚官府，杀豪绅，由湖北归州直逼川东。

积蓄已久的怨愤在武陵山区爆发，"酉阳蛮群起而应之"。人称金头和尚的苗族首领金魁联合部分土家贫民揭竿而起，占据龚滩镇

马鞍山上铁围城，至今尚存的防御工事

所在的马鞍山，筑成"铁围城"，以此为据点，四处出击，赶走酉阳府吏，惩治豪强，开仓济民，攻打黔州，兵锋直指涪州和思南。

后院起火，宋廷上下一片恐慌，视之为心腹之患。"攘外必先安内"，朝廷不得不派重兵征讨。无奈"铁围城"阿蓬江与乌江两相环绕，壁立千仞，固若金汤。其地广阔数十里，粮草充足，攻之不克，困之不死。比当年的"水泊梁山"更难对付。多次征讨，不是丢盔卸甲，就是无功而返。且天高皇帝远，征途迢迢，远师劳顿。于是只好"以夷制夷"，派本地思州安抚使田佑恭和酉阳豪强冉守忠率土兵围剿。然面对"铁围城"，土兵亦无计可施。当钟相、杨幺的起义失败后，"铁围城"上仍猎猎飘扬着金头和尚的战旗。

相持许久，一筹莫展的土兵终于寻到一个难得的机会。这次，起义军从石堤向酆潭进发。途中，土官冉守忠派部将田某诈降。这是一个老掉了牙的计谋，可金头和尚居然还信以为真，对田某的行为毫无警觉。终使田某得以趁着夜色潜入金头和尚帐下，将其刺死。没有文化的金头和尚终尝了轻信的苦果。

群龙无首，义军终于被镇压，起义终归失败。尽管如此，龚滩"铁围城"毕竟在土家和苗民的心中树起了一座"水泊梁山"。

## 2

酉阳寨主冉守忠因剿灭金头和尚起义有功而被授御前兵马使，升了官的冉守忠更加肆无忌惮，展开了一场驱赶苗族的行动，这便是地方志中所说的"赶苗拓业"。由于金头和尚在龚滩起事，龚滩便成了"赶苗"的重点区域。此后，龚滩苗族人口的数量便比先前少得多了。

南宋小朝廷按平了南方，却被北方的骑兵掀翻，忽必烈骑着高头大马入主中原。草原和沙漠练就了他们的铁蹄，砥砺了他们的刀剑。忽必烈给西南地区的见面礼就是强化统治的土司制度。

坦率而论，土司制度促进了西南少数民族地区的社会转型，比此前实行的羁縻政策和羁縻州县制度更能有效行使中央的控制。

蒙古人的统治不足百年，便被朱元璋逐回了漠北。见面礼成了遗产被明代继承了下来。

"休养生息"的明代初年，东南沿海又出现了倭寇。终明之世，"倭患"不断。而在这民族危难之时，土家人为抗倭立下了赫赫战功，给风雨飘摇的明王朝注射了一支强心剂。简直让人匪夷所思！

龚滩老街上的田氏阁楼

**衙门口桥重桥** 在这上、中、下三街的中心点，一股清流从东而西，一条石板路从南而北，路水相遇，路分两条跨水而延伸，一曲折而下为岸街；一蜿蜒而上通衙门，在这交接点上形成桥重桥，成为龚滩一景。

由土家族和苗族人组成的土兵兵团运用其"土兵阵法",发挥了战术奇效,以"土"克"洋",以湖广土司的乡土武装击溃了镰仓幕府的逸士浪人,撑起了中国半壁河山。谭纶、戚继光还据"土兵阵法"发展出"鸳鸯阵法",得以杜绝倭患,并长久御倭于海疆之外。

这是包括龚滩人在内的土家族和苗族人民对中国历史做出的贡献。

## 3

入清,土家地区仍沿袭土司制度,然其弊端已日益显露。有些事情连皇帝都难于容忍。

土司有点类似后来的军阀,拥有自己的军队。土司尽管受中央王朝任命,然"所设宣慰、知州、长官,不问贤愚,总属世职",且军政合一,其权力之大,等级之森严,无异于割据政权。

"土司出,其仪卫颇盛,土民见之,皆夹道伏。即有谴责诛杀,惴惴听命,莫敢违者。"很有点皇帝出巡的派头。

房屋建筑也有严格的等级规范:土司衙署"绮柱雕梁,砖瓦鳞次。百姓则叉木架屋,编竹为墙,舍把头目,许立梁柱,周以板壁,皆不准盖瓦,如有盖瓦者,即治以僭越之罪"。皇帝还未禁止百姓盖瓦,土司连下面的舍把头目都不准,简直比皇帝老倌有过之而无不及。土司衙署奢靡豪华,且都占有较大的地盘。有的甚至被直呼为"土司皇城"。

土司视土民为草芥,"刑杀任意,抄没鬻卖听其所为"。连朝廷命官都认为"土民如在水火""土民不堪其命"。

土司之间因争地盘,夺财产,相互仇杀,连年不断,生灵涂炭,流亡转徙,"土民纷纷控告,迫切呼号,皆念改土"。连西阳土司家族中的开明人士冉裕棐也因"土官横恣"而具状上告,要求设流。

"改土归流",势在必行。

"改土归流"是一场政治改革运动。主要措施是废除自元以来世袭的土司,改由政府直接任命可以随时调动的流官担任行政领导，推行与汉族地区相同的政治制度。

雍正十三年（1735年），爱新觉罗·胤禛一纸诏书，酉阳地区包括龚滩在内正式"改土归流"。改土后，大部分土地被政府没收，少部分土地赐给土司及其下属土官，封建领主从此变成了地主。

这是一次彻底的改革。这一改，元、明以来"蛮不出境，汉不入峒"的限制终被打破。汉人大量涌入，带来了先进的文化。几千

龚滩上街冉家院子吊脚楼

年来"农不知粪,圃亦不知粪","长刀短笠去烧畲"的粗放的刀耕火种生产方式得到改变;捕鱼狩猎的山民也开始转向农耕;手工业有了专业分工,"土、木、竹、石、裁缝、机匠之属,各有专司"。土司时代,"土民不事商贾",而此时出现了专事生意的商人;昔日土民不得读书识字,"违者罪至族",而今书院学宫应时而起,"文治日兴人知向学",并开始参加各级科举考试……

"改土归流"带给了土家民族近代文明的起步。"改土归流"使土家人彻底融入了中华民族的大家庭。

**4**

在武陵山区,土家先民演绎了三千年的传奇,谱写了三千年的史诗。然而"土家"族称的出现,却是近二三百年的事情。

历史上,土家人的祖先巴人被中原华夏民族先后称为"廪君蛮""板楯蛮"等。廪君蛮以族源称,板楯蛮以其"虎皮衣楯"的武器而称。巴人是一个崇拜"白虎"的民族,以虎为图腾,虎饰是巴文化的主要特征,所以巴人又被称为"白虎复夷""弜头虎子""巴氏虎子"。史书还以其所居之地分别称之为"黔阳蛮""酉溪蛮""酉阳蛮""溇中蛮""施州蛮""建平蛮""宜都蛮""辰州蛮""九溪十八峒蛮"等等。

总之,其称谓离不了作为其族徽标志的"虎",又离不开一个"蛮"。"蛮",本为对南方少数民族的泛称,加上族源或地名,才为确指。

此外,还有"巴郡南郡蛮""武陵蛮""五溪蛮"等称谓。不过这几个称呼不仅指巴人而言,还包括现在的苗、瑶、侗诸族的先民。晋时,川东巴人称"赋税"为"賨",故时称川东巴人为"賨人"。明时荆州一带的巴人后裔又被称为"荆州土人"。

以上均为北方中国人对巴人及其后裔的称呼。其实土家人大约在南宋时期就已用本民族语言自称"毕兹卡"。而"土家"族称的出现,则是因宋以后汉人陆续迁入,尤其是入清"改土归流"以来汉人大量流入,为区别外来民与本地民,族人便以汉语自称"土家"，称汉人为"客家"，称毗邻而居的苗民为"苗家"。地方志载："土家者，土司之裔……。客家者，自明以来，或宦或商，寄籍斯土而子孙蕃衍为邑望族者也。"可见"土家"既有"本土人"之意，也带有一点"土司臣民"的意思。由此可知，"改土归流"以后，"土家族"才成为了古代巴人后裔的正式族名。

现土家族人口有六百多万，在全国55个少数民族中，位于壮、满、回、苗、维、彝诸族之后而居第七位。曾作为古代巴人迁徙进入酉溪的重要根据地的龚滩百分之八十几都是土家人，苗族人口已不足百分之十，其余则为汉族人。

从崇山峻岭中奔流而来的阿蓬江　此江暗礁密布，江流湍急，不能通航，正因为如此，沿江两岸显得异常原始而神秘。对于今天的漂流爱好者来说，却是一个最富于挑战和冒险性的地方，是寻求刺激者的天堂。

老龚滩镇揽月楼　因其高耸入云，大有九天揽月之势，故名。

弯弯小巷深，悠悠岁月长

## 三　地理迷宫中的龚滩

土家族聚集的武陵山区，位于中华版图的腹地。从地图上看，其地域约呈圆形，几与中国东南海岸线的巨大圆弧形成同心圆之势。它的圆心便位于神秘的北纬30°线上下。而大致为中国东西部分界线的东经110°线又纵贯其南北，与北纬30°线相交，其交点便位于土家族聚集的核心地区。

土家族的分布，大致北起湖北恩施，南达重庆秀山、湖南花垣，东至湖北长阳、湖南大庸，西抵重庆石柱、黔江。这个南北东西均大约200公里的范围，便是土家族聚集的核心区域。四周向外延伸50~100公里，便是土家族与其他民族如苗、瑶、侗、汉等诸民族的杂居区。与周边其他民族相比，土家族聚集的区域是比较集中的。从这一点我们可以推论出，自秦灭巴国而巴族迁徙至武陵山区之后，基本上再没有过大规模的民族迁徙。古代巴人的后裔依托这个相对偏僻落后而又颇具神秘色彩的山岳丘陵地带生生不息，繁衍至今。现今土家族聚居区与清雍正年间"改土归流"时土司的领地基本吻合。当年，四川有酉阳司、石柱司两大土司，湖广则有永顺司、保靖司、容美司、散毛司、施南司五大土司。以上诸土司治地，即现在的土家族聚集区。

武陵地区属丘陵山地，地势较高，有一半以上的地区在海拔千米左右。武陵山脉是西南东北走向，西南起于贵州东北部的梵净山，向东北斜贯入渝东南，然后继续延伸，主峰成为湘鄂界山，然其大部分则分布于湖南境内。

龚滩老街一角

　　从地理学角度说，酉阳山地属八面山、武陵山系。作为渝鄂界山的巫山由东北向西南方向逶迤延伸，八面山即为其余脉，它与武陵山和由西而来的大娄山在这渝湘黔交界之处相互交会穿插。而阿蓬江、酉水河、龙潭河等众多河流又将其切割冲刷，使其构成许多高山、深谷和平坝。在这个石灰岩沉积地区，在这个颇为错综复杂的群山谷地之间，"喀斯特"岩溶地貌表现得尤为充分，到处是奇峰幽谷、绝岩溶洞，随处可见悬泉瀑布、暗流绿潭。不难想见这是一座巨大的地理迷宫。难怪当年巴子五兄弟逃避于此而秦国的大军再也未敢继续追击。这使得巴人的后裔能在这个与外界相对隔绝的

**鹅儿岭苗寨** 这里是土家族和苗族杂居的地方。

鹅儿岭位于盖上一山坳处，建房相对较少受到江边那种危岩陡坡的限制，所以更体现了一些堪舆观念的影响。看得出，那是将中医的"气""脉"理论也运用了进来，"理气"与"形势"参而用之。如后山厚实，左右不虚。厚实，则内含生气；不虚，则无邪气侵入。土家人卜居，讲究"左有青龙排两岸，右有白虎镇屋场，前有朱雀来照看，后有玄武作主张"，此四者皆谓山形。土家屋前忌讳白岩照面，因为那是白虎盘踞之地。若实在无法避开，则需"补风水"。最好是"植树补基"，即在白岩之下植树以遮蔽。否则就"吞口镇煞"，即在大门柱上置吞口以镇白虎。这一方法颇类似于汉族地区的设置"石敢当"。

地方悄无声息地繁衍下来。而让后人认为巴人已经神秘地消失，让现在的历史学家、考古学家以及民族学家们花了极大的努力才把土家族和古代巴人联系了起来。

遥想晋太元中，一"武陵渔人"便是在这个地理迷宫中"误入"了"桃花源"而又"不复得路"。此事经当时的隐逸诗人陶渊明的文笔一渲染，便使这武陵山区蒙上了一层神秘的面纱，而成为了人们世俗生活最理想的境界，并将其称为"世外桃源"。言外之意，这是一个遁世隐居的绝好去处。

酉阳县便位于这神秘的武陵山区的西部边沿，是土家族聚集的核心区域。明代其属有九溪十八峒，史书上所言之"九溪十八峒蛮"即指此地的土家先民。

县城西北三里许，在通往龚滩的新公路边不远处，有一巨大的山洞曰"大酉洞"。一小溪自洞中流出，常年不绝，民赖之以灌溉。沿溪而行，桃林遍布。《酉阳州志》记载说，明初辟此洞时，在洞壁上曾有绝句一首：

第一章　百世沧桑　岁月如梦

老龚滩家庭必不可少的劳动工具堰桶和背架。

洞前流水渺漫漫，洞内桃花渐渐残。
曼倩不来渔夫去，道人闲倚石阑干。

惜此诗现已不存，唯洞壁高处有"太古藏书"四字，清晰能辨。

相传秦时，始皇帝无道，既焚书，又坑儒，咸阳一儒生为避秦乱，南逃于此蛮荒之地，与世隔绝而居。开田畴以自食，读诗书而自娱。平时，其所带之书籍，便藏于洞顶一石室之内，那石室便是现今所能见到的"太古藏书"之处。

过洞则豁然开朗，有田十数亩，还果真是"屋舍俨然"，居然还是吊脚楼。《酉阳州志》载："核其形，与陶渊明桃花源者毫厘不爽。"现今有不少学者据此并根据实地考察，力主此地确为陶渊明笔下之"桃花源"的原型。

龚滩，便隐藏在这神秘的武陵山区的西部边沿。

作为酉阳县下属的一个镇，龚滩东距县城79公里。古镇中心，东经108°25′，北纬28°57′。西隔乌江与贵州沿河县相望。古镇坐落于陡峭的凤凰山麓,坡度在60°左右。从地形条件来说,这并不是一个建镇的理想之地,然它却占有重要的地理位置,成为了酉阳的西大门。酉阳向西至龚滩经乌江北上是昔日西出武陵的一条较便捷的孔道。黔东北各地入川,也主要通过乌江水道。所以龚滩自古便是一个关隘要冲。

别看龚滩是一个在地图上都难以找到的小镇,它却有着一千七百多年的历史。据考证,它是三国时刘备所置,其时名曰汉复。

《寰宇记》载:"涪陵汉复县,属巴郡,蜀立郡于此。"古之涪陵郡汉复县,即今之龚滩。贾耽《四夷述》载:"汉复,郡治。"刘琳《华阳国志校注》按云:"汉复县,三国蜀汉置,属涪陵郡,治所在今之酉阳县龚滩镇,西晋末废。"又云:"太康初涪陵郡移治汉复,亦见《晋志》。汉复,顾名思义,当是晋以前所置,《寰宇记》说是刘备所置,当有所本。"

唐武德二年(619年)即唐王朝建立的第二年,析彭水、石城二县地置洪杜县(属黔州)。贞观三年(629年)北移于洪杜溪。麟德二年(665年)移理龚湍,即今之龚滩镇。胡三省《通鉴音注》有按云:"唐之洪杜县即今酉阳县之龚滩。"天宝元年(742年)属黔中郡。乾元元年(758年)设罾潭巡检司,辖龚滩。

清乾隆元年(1736年)酉阳改直隶州,以龚滩属关隘要地,距州城遥远,治理难周,故设巡检司于此,以"统摄之"。乾隆二年

盖上的喀斯特地貌 武陵山区的高山顶上地形显得相对平缓,所以这些山便被称为"盖"。龚滩四周自然也是如此,如龚滩东面有广沿盖,西面有牯牛盖,南面有天池盖,北面有贾盖等。看,"盖"上的农田都是从岩石缝中开辟出来的。

第一章 百世沧桑 岁月如梦

(1737年)龚滩设有"大堂""二堂""花厅",这相当于现在的法庭,大堂管刑事案,二堂管民事案,花厅管地方绅士诉讼。后又设"大保""团总""乡约",大保管政权,团总管军队,乡约管地民。清末,龚滩设分县。

民国以后设酉阳县龚滩镇。民国二十三年(1934年),镇下设里、间,之后,又改设保、甲。镇辖七保八甲半。现龚滩古镇上老街的解放街、胜利街、新华街即当年的一保、二保、三保。

青青的石板路 洁净的木板房

鹅儿村中残存的火铺，重温着土家和苗家民族往昔家庭生活的旧梦。

利用堰桶背水、背粪，是龚滩人几百年来的传统。

## 四　龚滩镇的盛衰

　　城镇的兴起，首先有赖于交通。纵观古今，任何一个城镇，不外乎是靠江河码头或旱路驿站发展而来。龚滩，就是典型的依靠水路运输而发展起来的古镇。武陵山区层峦叠嶂，隐天蔽日，"畏途巉岩不可攀"，唯有江河提供舟楫之利。交通运输，龚滩自古就是靠水路。

　　千里乌江，从云贵高原倾泻而下，一路奔腾咆哮，下乌蒙，越大娄，断武陵，向着四川盆地，直奔长江而去。武陵山被乌江由南向北切割成一条长长的陡峭峡谷。阿蓬江也从鄂西向西南穿山而来，在此与乌江汇流。龚滩，便隐藏在这两江汇流处的逼仄峡谷之中。

　　通过乌江，由此上水可至万木以及贵州的沿河、思南。下水可达彭水、涪陵。涪陵又以长江之便，上达重庆，下通两湖。这是龚滩这个名称出现以前的情况。

　　龚滩原名龚湍，因多为龚姓人家居住，乌江江水又飞流湍急而得名。明万历元年（1573年），龚湍所依的凤凰山发生了一次巨大的崩岩滑坡，阻断了乌江，形成险滩，于是龚湍便被人们改称为龚滩。

　　然而，这场石破天惊的灾变不仅改变了一个古镇的名称，还改变了它的命运。灾变的结果恰如《酉阳县志》所载："大江之中，横列巨石，大者如宅，小者如牛，激水雷鸣，惊涛雪喷。"从而形成了"断航滩"。滩长四百余米，水面落差四米多高，流速每秒七

经过上百年的风雨侵蚀，吊脚楼上的"耍子"（阳台）消逝了，残存的横梁记录下了那岁月的沧桑。

米多。滩中大量蛮石堆积，其中又兀立两大孤石，"蓑衣石"和"椅子石"，高出枯水水面六米多，阻断水面形成一米多高的大水坎。使龚滩成为乌江中的三大险滩之首。

面对如此险滩，大船根本不能通行，只有小船靠拉纤能勉强通过。船只上行，必须配成船帮，每帮七八只船。过滩时，船夫需合力为五六十人的庞大拉纤队伍，才能将船一只一只拉过。否则别想过滩。而下行船只过滩前，船主们得先在江边王爷石旁杀鸡而祭以求平安，而后才敢放船下行。险滩给航行带来的危险和给船民带来的艰辛可想而知。人们都说，船工和纤夫是在龚滩这个"血盆子"里抓饭吃，是"死了没埋"，一点不假。

无论上水下水，载物船只到此必须起卸。而卸载货物均得在此靠人力上下周转。有民谣说到当时的情形是"上下船只卸载过，运输换船货堆山"。龚滩因此而形成了"断航滩"上下两个码头，相距七八百米。龚滩镇的居民很多都靠在这两个码头之间搬运货物为生。所以人们又说：龚滩人靠吃滩上两坨"岩包子"过活。这两坨"岩包子"就是江中兀立的"蓑衣石"和"椅子石"。此话让人听了不免感到心酸，然从其无奈中似乎也流露出了些许期盼。尽管搬运是苦力，但毕竟也是生计。

龚滩的断航，对航运是祸，对乡民则似乎是"福"，毕竟它使乡民因此而寻到了一条出路，虽然艰辛，却充满了希望。断航，也使龚滩成为了川、湘、黔三省边区商业贸易和货物集散的中心。

改土归流以后，重庆、涪陵以及远自陕西、江西等地的商人纷纷云集于此。龚滩因此而民居日盛，逐渐走向繁荣，最后终于商贾辐辏，通达海外。

龚滩的水上运输，上水运进重庆、涪陵、自贡等地生产的百货、布匹、糖食、毛烟、食盐等；下水运出粮食、木材、桐油、茶叶、生漆、朱砂、药材等土特产品，主要输往长江沿线各大中城市。其中茶叶、桐油和药材等还是热门的外销货。19世纪末20世纪初，据涪陵统计，"集中内地如酉、秀、黔、彭等地之油，以运渝、万两埠出售者，年达四至七万担之巨"。其中绝大部分，便是经由龚滩转口运出的。

自1885年汉口开埠后，英美等国在汉口建立了炼油厂，大肆收购桐油，加工提炼，输往英美。至20世纪初，外商为了争夺桐油，争先恐后在万县设立了众多洋行，进行抢购，不经加工，便直接运输出口，牟取暴利。

川、湘、黔边区不产盐，历来有"斗米换斤盐"之说，于是盐便成了龚滩最大宗的买卖。光绪三年，清政府设立了四川盐务总局。光绪十年，陕西帮、涪渝帮等大商巨贾便在龚滩开设了众多盐号，如"天字号""利字号"等。北伐时期又有"祥发永""祥祀""吉亨""双发河"等盐号相继开业。他们从自流井购进大批食盐，在龚滩进行批发。各大盐号为了扩大经营规模，还竞相在龚滩修建盐库，屯集、储存、转运食盐。其中著名的便有"董家仓""友兰店""夏家

大梯子　这是二河坝码头通向岸街的主要通道。上段为石头垒砌，下段则是在整块岩石上凿成。大梯子，固执地保留了几百年历史，见证了龚滩的荣辱兴衰。

仓""罗家店"等多家仓库。民国时期,龚滩这个山区小镇已拥塞着一百多家各类商行,包括盐行、油行、粮行、山货行等。其中"大业""玉成""同益"等十多家大盐号更是生意兴隆,名震一时。"大业盐号""久大盐业公司""蜀通盐号"还被官僚资本垄断。抗战胜利后,国民政府财政部还专门设立了重庆盐务总局龚滩盐务支局,随之又有一些官商合办的盐号创立。盐务总局还有税警配德式武器装备常驻龚滩,以维护龚滩的商业秩序。

20世纪40年代,运盐的船只急剧增长。至涪陵的下水木船已达两百多艘,短途小木船一百多只。至贵州沿河、思南的上水木船也有五十多只。仅运盐的背夫就达六千多人。狭窄的乌江江面上拥塞着如此多的船只,小小码头和山道上蠕动着如此大量的人群,仅从这一点,便可以想见龚滩当年经济繁荣的程度。

所以近代以来"钱龚滩,货龙潭"的谚语便开始在川鄂湘黔边区广为流传。这"钱龚滩"表明了此地人气旺盛,商业繁荣,独领一方。在这个新兴的经济平台上,龚滩的商人们大施拳脚,因商致

龚滩上游码头 这是昔日通往乌江上游各地的起点。今天,商业繁荣的景象已不复存在,留下的仿佛只是"野渡无人舟自横"。图中可以看到,江中心至今仍盘踞着巨大的蛮石,激起层层浪花。

**太平缸** 此为杨家行旁边的养鱼消防池，龚滩人谓之"太平缸"。平时养鱼作观赏用，若遇火灾，即用于消防。缸的背后坡上有一口水井，为其提供了源源不断的水源。缸的外壁嵌有"洋洋得所"的刻石，表达了主人的美好心愿和希望。尽管龚滩有不少这类嵌有"洋洋得所""备而不用"等刻石的"太平缸"，但龚滩镇仍不太平，还是屡毁屡建，屡建屡毁，以至于1969年一场大火毁了一个村，留下了今天的一大片"火烧坝子"。

饶，已经先富裕起来，而普通百姓也认为这是个找钱的好地方。

龚滩商业的繁荣不仅造就了一支庞大的商人队伍，还带动了客栈、饮食、信贷以及手工业等相关产业的发展。自清光绪年间陕西商人张朋九首设西秦会馆后，其他地方的会馆也着手筹建，像"盐业公会""木船帮会"之类的商业行会也陆续产生。货物的仓储、转运，又造就了一支以脚力背夫为主的产业队伍。当年，龚滩镇的劳动人口是"一半经商，一半搬运"。可以说，这支靠劳动力为生的产业队伍是龚滩最早的"无产阶级"。其实，无产者想要在"钱龚滩"挣钱也绝非易事。昔日的龚滩除靠乌江与外界联系外，道路不畅，没有公路，周围山区极为闭塞落后。有民谣说："养儿不用教，酉秀黔彭走一遭。"在百姓的心目中，这个地方仿佛就是人间的炼狱！龚滩的物资，无论是送往本省的酉阳、秀山、黔江、龙潭，还是鄂西的咸丰、利川，湘西的吉首、花垣、保靖、茶洞等地，均得靠人背肩扛。在这样的山地，连挑子都是无法使用的。所

手持"打杵"负重前行，也靠"打杵"支撑休息的老妇。

以龚滩的脚力背夫有个俗称叫"背老二"。无论几十里几百里，盐巴货物两三百斤，往背篼里一装，背起就上路。行进起来，就像背着一座小山，"三步两打杵"。那借以杵路和歇脚的铁头木棍叫铁打杵。休息的时候，铁打杵往背篼下一撑便可，货物是永不离肩的。"篓不离背，背不离篓。"休息，也不会坐下躺下，站着喘喘气，也就是了。至今，那通往周边地区的石板小路上仍然袒露着铁打杵留下的密密麻麻没完没了的深深的烙印。它们和江边崖壁上的纤痕一样，证明着这样一个道理：龚滩的繁荣，是纤夫和背老二的血汗浇灌出来的。

有了阶级分化，有了商品流通，社会结构和经济结构便产生了变化，社会形态开始由传统的渔猎农耕文明向近代工商业文明转型，人们的思想观念也开始向着商品经济的方向转化。

社会机器在紧张繁忙中运转。龚滩独特的码头经济已经构建，码头文化已经形成。

三十年河东，三十年河西。经济发展不经意间却出现了巨大的落差。随着陆路运输的开发和兴起,龚滩渐渐地遭到冷落而淡出了在全国范围内正蓬勃兴起的近代商业竞争的行列。资本主义在龚滩刚一萌芽便被夭折,经济的辉光刚一闪动便骤然地暗淡了下去。历史画了一个小小的怪圈,又回到了原来的起点。

如今,大盐商没有了,大型商品批发市场也早已消失,远道而来的外地客商撤退了,脚力背夫们也已经远走他乡另谋生路。当年

纤夫 哪怕是现在,机动船上行,若不靠电力绞滩,也常会因于汹涌的波涛中而不能行进,有时甚至会被冲下滩去。所以,偶尔还能看到纤夫奋力拉纤的身影。

杵眼　无论是在古镇的深巷中，还是在山间的小道上，随处可见这种深深的杵眼。这杵眼注满了"背老二"的血汗，铭刻着"背老二"的艰辛。

烟熏色的木构吊脚楼，掩映于青山绿树之中。

屯集转运批发川盐而名震一时的"杨家行""半边仓""转角店"之类的富商建筑都已变成了普通居住用房。

尽管在20世纪中期和末期对龚滩航道进行了三次大规模的整治，江上运输状况得到很大改善，现在甚至有了涪陵至贵州沿河的客运飞船航行往返，但龚滩作为货物集散中心的地位已经丧失。昔日的繁荣已飘然淡去，"钱龚滩"也失去了原有的内涵而蜕变为一个历史印痕。人们的生活又回到原来的平静和恬淡之中，重新享受起"世外桃源"生活的隐逸和悠然。唯有曾赖以照亮脚力背夫艰难步履的檐灯还隐隐闪烁，述说着昔日那昙花一现的辉煌。

如今，乌江下游彭水电站的修建已提上了议事日程，为了保护具有历史和文化价值的龚滩古镇，政府正在制定新的乡镇建设规划。根据这个规划，龚滩镇将搬迁至乌江下游距现古镇近2公里，地势较高的小银村一带重建，并将其开发为古镇文化旅游区。这一旅游度假生态的设想和构建，无疑是一个利国利镇利民的举措。这既注重了对历史遗存的保护利用，也给予了龚滩人现代意义上的人文关怀。它将会营造一种人与自然、历史遗存与现代文明和谐与互补发展的外部条件，进而产生一种文化、经济、生态发展上的良性循环。2002年5月初举行的"重庆·酉阳·龚滩世界攀岩挑战赛"，

待渡的背夫　直至今天，在龚滩还随处可见背夫靠铁打杆的支撑而休息的情形。

龚滩的牛角灶　这种灶因其外形弯曲似牛角而得名。牛角灶是龚滩的土特产。它烧柴而不是烧炭，所以至今在老龚滩乡间几乎家家都有牛角灶。灶上方一般都悬有吊架，那是熏制腌腊食品用的。

迎来五大洲十多个国家的攀岩高手在乌江边的悬崖绝壁上进行了激烈的角逐，使龚滩走向了世界，也让世界认识了龚滩。这是一个可喜的进步。相信，重建的龚滩古镇必将是一片光明，龚滩人关于未来的种种期待与梦想，在不久的将来就可能成为现实。

龚滩中街吊脚楼

## 第二章 千里江峡 巴人遗风
QIANLI JIANGXIA
BAREN YIFENG

文化的滋生与水土息息相关。武陵山区是土家先民繁衍生息的舞台，是土家文化蕃昌化育的沃土。且让我们踏着石板小路，走进武陵深处，平心静气，悉心察访，听竹枝词，看摆手舞，品巴人咂酒，赏远古遗风……

老龚滩下街的吊脚楼群

# 一　一个崇拜白虎的民族

所谓民族，是指这样一个共同体，人们生活于共同的地域，有着共同的经济生活，操着共同的语言，具备表现于共同历史文化背景上的共同的心理特征和遵循着共同的风俗习惯。

古代巴人便是这样一个共同体。当然，这个共同体也并非铁板一块。在长期与华夏族的交往中，春秋战国时曾散布于古代巴国广大地区如四川和陕西汉中一带的巴人，以及随后迁往江夏和鄂东北、豫东南等地的巴人，大多已同化于华夏族，一小部分又与周边其他民族融合，而至今固守于武陵山区的土家族，则较完整地保留

巴式剑所具之虎纹（巴县冬笋坝出土，采自邓少琴《巴蜀史稿》）

了古代巴人的民族特征，他们是古代巴人纯正的嫡裔。

《隋书·地理志》载："南郡、夷陵……诸郡，多杂蛮左，其与夏人杂居者，则与诸夏不别。其僻处山谷者，则言语不通，嗜好居处全异，颇与巴渝同俗。"这证明巴渝地区的土家先民即巴人后裔至隋时还保持着自己与中原华夏族全然不同的文化传统和风俗习惯。

华夏族以龙为崇拜神，而巴人则不同，他们是一个崇拜白虎的民族，这从他们的祭祀丧葬中就可以看出来。《夔府图经》载："巴氏祭其祖，击鼓为祭，白虎之后也。"又说："夷事道，蛮事鬼，初击鼖鼓以道哀，其歌必号虎，其众必跳，此乃槃瓠白虎之勇也。"土家先民祭白虎，犹如华夏人祭祖先。这种白虎崇拜信仰产生的根源，我们可以从西汉刘向的《世本》一书中找到答案。《世本》中说："廪君死，魂魄世为白虎，巴氏以虎饮人血，遂以人祠焉。"原来白虎是巴人祖先的魂魄，自然便成为了巴人崇拜的对象。东晋人干宝在《搜神记》中更说："江汉之域有廪人，其先廪君之苗裔也，能化虎。"这说明，在巴人的心目中，白虎已具有了人格和意志力量。巴人认为自己是白虎的后代，白虎已成为了巴人的崇拜神，成为了巴人的图腾。商周时代，崇拜白虎的巴人曾建立过方国，叫虎方。甲骨文中就有关于虎方的记载。有学者考证，虎方就是巴方，是巴人的一支。国以虎名，足见商周时巴人崇虎风之盛。

巴人的崇拜神白虎饮人血，自然巴人要以"人祠祭祀"，这种"人祭"风俗至明代万历年间还延续着。史籍记载，湘西永顺土司祭祀时，"杀人亦献首于其庙。……闻楚徼外，保靖、石柱、酉阳诸土官皆然"。

至清代，土家少数地区和少数族姓还保留着"还人头愿"的习俗，还愿时取一人头祭其祖，也就是祭"廪君神"。《土家族简史》载，道光初年，鄂西咸丰县一田姓族长因其子犯了白虎，遂买得一乞丐准备代替儿子取其头"还人头愿"。但当夜却让此乞丐与其子同宿一室，大概也命该如此，第二天还是误杀了自己的儿子。族长悲痛之余，不得已下令以后禁止"还人头愿"，而以"还牛头愿"代之。恩施大吉一带的田、覃、向等诸氏则改由巫师划破自己的

头，用几滴血来表示祭祖。这些例子无疑都证明了传统的习俗有了一定程度的改良和进步，但仍属恶俗陋习。至解放，这些习俗才得以根除。然以白虎为崇拜神的信仰仍然沿袭了下来。

犹如龙作为华夏族的崇拜神具有善恶两种属性，既是华夏族的始祖、氏族的保护神，也是降祸于人世的恶魔，是先祖英雄所要驱除斩杀的对象，土家的崇拜神白虎也有善恶两种属性。善虎被称为"坐堂白虎"，它是土家族的保护神，昔日土家人家家户户都要设置白虎堂。龚滩家庭则往往在堂屋后墙中间放一条长凳，作为坐堂白虎的神位，犹如汉族供奉祖先的牌位一般，以求其保佑。而恶虎则被称为"过堂白虎"，它的出现是不祥之兆，它会给土家人带来祸患，它若在谁家过了堂，那主人必得请"土老师"（巫师）去其家"作法"，利用其超自然力驱赶白虎，以求平安。

作为一种意识形态，白虎崇拜是一种原始的宗教信仰，明显地带有"巫"的成分。它一方面反映了土家人与自然之间的密切关

虎纽錞于（重庆三峡博物馆藏） 古代巴人的军乐器，悬挂起来，以槌击之而鸣，用于战争中指挥进退。

龚滩乌江边的吊脚楼，显露出的是一种边鄙之地的"蛮风"。

系，一方面证明了土家人当时的生产力发展水平。板楯蛮"虎皮衣楯"，即是期借虎威制敌辟邪。白虎，在远古巴人的心目中具有象征的意义，具有神灵的权威。所以在古老的巴文化传统中占有异常重要的地位。白虎崇拜作为一种初民文化的凝聚和积淀，已深入每个巴人的心灵和潜意识之中，已渗透到巴人社会生活的方方面面，成为了维系当时社会秩序包括经济关系和其他生活关系的纽带。

　　正因为如此，虎的形象在远古时代就已成为了巴人部落的族徽和标志，虎的造型便被广泛地运用到了巴人的实用装饰、图画、雕刻、音乐、舞蹈等方面。在出土的古代巴人的文化遗物中，最典型的特征便是虎形装饰。如古代巴人的军乐器虎纽錞于，自5世纪后半叶至今陆续都有出土，在南齐建元年间于巴蜑所居之涪陵郡（今酉阳、黔江一带）曾出土一錞于，巴蜑人视之为神物，将其供奉起来。此事在同治年间成书的《酉阳直隶州总志》和光绪年间成书的《黔阳县志》中均有记载。另外，巴人的铜戈、铜剑、铜钺等古代器物，也大都饰有虎纹，虎形装饰是巴文化的典型特征。虎饰文物的出土地点全都集中于古代巴国故地和现土家族聚集的渝湘鄂边

从二河坝望老街

杨家行老楼的北端

龚滩上街一角

区，这一方面让我们了解到巴人的活动范围和迁徙路线，另一方面也从考古学角度证实了古代巴人和现代土家人之间的渊源关系。

白虎崇拜自商周时始，历三千余载延续至今，犹如一根无形的连线，将古代巴人与现代土家人的历史串联起来，也使古代巴人豪迈和倔犟的民族性格得以延续下来。一般说来，虎是与凶猛、强健和敏捷等概念相联系的。古代巴人尚武，作战勇猛顽强，一往无前，这和白虎崇拜定然有内在的联系。现代土家人剽悍勇猛的民族性格是直接导源于古代巴人，也导源于虎的。

如今，从龚滩老人口中，我们还能听到关于白虎的种种传说和掌故。在深圳、昆明、北京等地的民俗文化村中，我们都可以看到，凡土家山寨，必以虎饰为其最显著的特征，有的地方还象征性地竖立起了虎形的"图腾柱"。这都不是没有根据的。

## 二 《竹枝词》·巴渝民歌·土家风俗

1

　　山上层层桃李花，云间烟火是人家。
　　银钏金钗来负水，长刀短笠去烧畲。

——刘禹锡《竹枝词》

　　大唐监察御史刘禹锡，解下褒衣博带，换上短褐芒屐，从京都长安来到这蛮荒之地的巴渝山区。他跨越溪山沟壑，出入寒门柴扉，下里巴人的民间歌舞"竹枝"，排遣了他被贬谪的郁闷，心中涌进一股清新的风。

利用堰桶背水，至今是龚滩常见的景象。

专为迎亲而准备的花轿

"竹枝"源出古代巴人的踏蹄之歌。踏蹄之歌者，牵手踏蹄，歌舞结合，一声三叠，相随合声。因削竹枝为短笛吹奏相伴，故称竹枝歌。赏惯了宫廷乐舞，吟顺了文人诗章的前御史大人今夔州刺史竟被这充满乡俗气息的江舟俚曲、闾巷谣讴深深吸引。诗人文思泉涌，效屈原作《九歌》，一口气吟下了九首《竹枝词》。看山民们讴歌"竹枝"的盛况："江上朱楼新雨晴，瀼西春水縠文生。桥东

木叶吹奏传承人之一——陈菊  现今《酉阳民歌》已列为国家级非物质文化遗产，木叶吹奏为其表现形式。

吹木叶是土家年轻人表达爱意的一种方式（吴胜延摄影）  木叶传情是土家人几千年来的传统。刘禹锡《堤上行》诗中就有"桃叶传情竹枝怨"的句子。木叶即桃叶、青叶，除了吹奏歌曲，还模仿鸟鸣或其他天籁之音，极富浪漫情调。

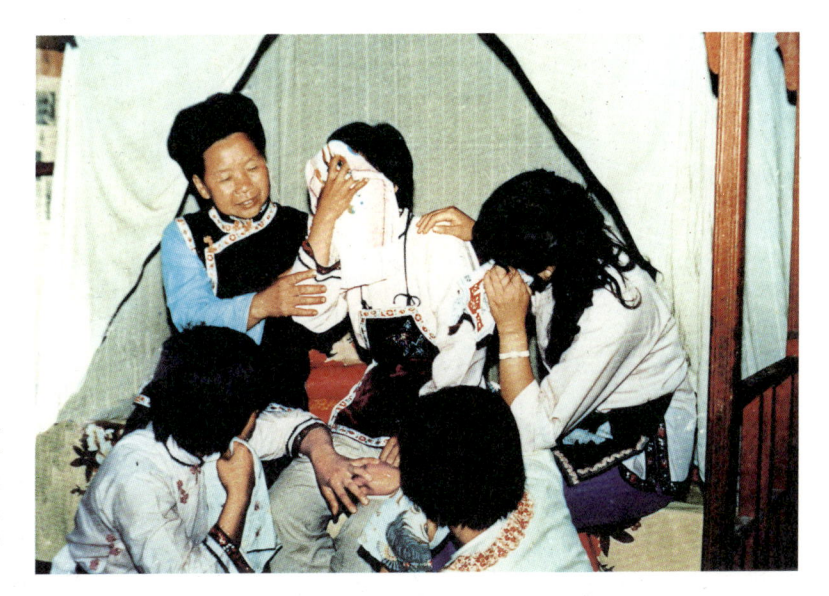

哭嫁（吴胜延摄影） 土家姑娘出嫁前，每至夜晚，亲戚姊妹和邻里姑娘陪同新娘聚首痛哭，历数父母的养育之恩，述说离别的思念之苦。其情其景，无不让人为之动容。

桥西好杨柳，人来人去唱歌行。"

诗人在诗的序中言道："岁正月，余来建平，里中儿联歌《竹枝》，吹短笛击鼓以赴节。歌者扬袂睢舞，以曲多为贤。聆其音，中黄钟之羽。卒章激讦如吴声，虽伧伫不可分，而含思宛转，有淇澳之艳……"此情此景，怎不能让诗人情动于中而流诸笔端？九首之后，意犹未尽，又续二首。这最后一首，便成了千古流传的名句：

杨柳青青江水平，闻郎江上唱歌声。
东边日出西边雨，道是无晴却有晴。

巴女的天真纯洁，情郎的聪颖慧黠，活脱脱展现在眼前。谐音双关，本是民间的语言游戏，被刘刺史借移于文人诗章里，用得如此巧妙，浑然天成。其诗具有浓郁的巴渝乡土特色，语言自然质朴，音韵和谐悠扬，为唐诗开了一代新风。

其实，早在刘禹锡之前，巴渝民歌就引起了文人的注意。

周初，即有了"武王伐纣，前歌后舞"一说。后被晋人常璩录入《华阳国志》。

屈宋时代，楚国郢都遍街流行的《下里巴人》无疑是"竹枝歌"的前身。

背嫁（吴胜延摄影） 土家新娘离家上轿，需得由自家的亲兄弟将新娘从闺房中背出并送至轿前，如果没有亲兄弟，隔房的兄弟也行。看那对联的横批"之子于归"，还是选用《诗经·国风》中的句子。它译成白话便是："这个姑娘要出嫁了。"这句话，既有乡野的朴实直白，又不失风雅情致，多有意思。龚滩姑娘出嫁，自家门楣上一般都要贴上这句诗。

　　北魏郦道元在《水经注》中第一次记录了巴人的民歌："巴东三峡巫峡长，猿鸣三声泪沾裳。"

　　入唐，诗人顾况则是第一个提出"竹枝"曲牌的："……巴人夜唱竹枝后，肠断晓猿声渐稀。"

　　刘禹锡之后，状写地方风物便成为《竹枝词》的特殊内容，使其成为一种新诗体，遍及华夏，绵亘千年。唐、宋、明、清众多诗人包括白居易、黄庭坚、陆游、范成大等都有优秀的《竹枝词》传世。

　　作为极具乡土文化特征的"竹枝"歌舞，是在特定的自然地理和历史人文环境中逐渐形成的。中原诗人从巴渝民歌中吸取了养料，同时也将高层次的中原文化带入域内，给巴渝文化输入了新鲜血液。文人诗歌在巴人歌舞中得到了广泛传播，"蛮儿巴女齐声唱"，"武陵夷俚悉歌之"。下里巴人受到了雅文化的熏陶，"词多鄙陋"的乡野民歌得到了艺术上的升华，有《旧唐书》之言为证："蛮俗好巫，每淫祠鼓舞，必歌俚词，禹锡或从事于其间，乃依骚人之作为新词，以教巫觋。故武陵溪洞间夷歌率多锡之辞也。"溪洞，即今之酉阳秀山一带，龚滩自然也在其中。

　　唐代诗人于鹄的《巴女谣》吟道：

龚滩镇老街上迎亲的队伍 这种仪式，大概是在"改土归流"以后受汉文化的影响而流行起来的。图中，现代龚滩土家人的服饰较先前也略有变化。历史上，土家妇女一般穿左襟大褂，袖大而短，矮衣领，高仅五厘米左右。（有无衣领，是土家族和苗族的显著区别。）衣服沿边处还饰有"三股筋"，也就是三条花边，下穿八幅罗裙。后也有改穿裤子的，然裤腿肥大。袖口、袖脚处都绣有花边。一般小腿上还打绑带。头上则包青、白两色长帕。耳上要戴银质耳环，手上则是银、玉手镯，还要戴上金银戒指。胸前的"牙线"上坠满银质小器物如铃、牌、链、挖耳等。出嫁姑娘的打扮自然是比这更为讲究。

土家男人一般都穿对襟短衣，老年人则着大襟衣。头、脚也与妇女差不多，头缠青色或白色的头帕，小腿也缠绑带。

巴女骑牛唱竹枝，藕丝菱叶傍江时，
不愁日暮还家错，记得芭蕉出槿篱。

大唐盛世的巴地，显现出一派恬静闲适平和悠然的乡村田园景致。

北宋诗人黄庭坚的一首《木兰花令》则道出了黔中青年男女在游春时对唱《竹枝》的情景：

黔中士女游晴昼，花信轻寒罗袖透。争寻穿石道宜男，更买江鱼双贯柳。　《竹枝》歌好移船就，依倚风光垂翠袖。满倾芦酒指摩围，相守与郎如许寿。

清代，土家本土文人的《竹枝词》更是直接反映了巴渝人家的现实生活及风俗习惯："栽秧薅草鸣鼓锣，男男女女满山坡，背上儿放荫凉处，男叫歌来女接歌。"（彭秋潭）"豆花开后菜花香，小麦青青大麦黄。野菜和根掺粥煮，贫家供抵半年粮。"（彭秋潭）

其实这类《竹枝词》在语言风格上已很接近土家的乡土民歌，或者说，到这时文人《竹枝词》已逐渐和乡土民歌合流。

2

　　文人《竹枝词》的儒雅曲调从大唐唱起，悠悠千载，直唱到现代白话文运动，随古文的衰落而式微，最后彻底融入乡土民歌的洪流之中。而乡土民歌经过中原文化的浸育，越发轰轰烈烈地唱起来，唱着土家的生息繁衍，唱着土家的征战劳作，唱着土家的悲和喜，唱着土家的恨和爱。

### 砍柴莫砍映山红
（酉阳民歌）

砍柴莫砍映山红，连姣莫连嫩虫虫。
打个点子又不懂，捏他一爪又脸红。
老姜辣嘴味道长，连郎要连胡子郎。
蓑衣盖倒酒坛子，杯杯酒都捂起香。

　　土家妹子交友，自有自己的标准，外人未必懂得其中的妙处。

新娘出轿　新娘在众多衣着艳丽的姊妹乡亲的簇拥下被送到了龚滩镇上的婆家。出轿时，新娘头上还搭着盖头儿呢。这搭盖头儿也恐怕是受汉族习俗的影响。其实，最具土家本色的新娘是头缠青布头帕，缠得越多越厚表示越富有。看，那引新娘出轿的是媒人。这媒人，在新娘的哭嫁歌中总是挨骂的对象。可媒人还是充耳不闻而乐此不疲。

其实，在"改土归流"之前，尽管土家地区还盛行"姑表婚""扁担亲"，"填房"也极流行，然而普遍实行的则是一种较原始的自由婚姻制度。没有法律约束，只有习俗规范。青年男女，无论亲疏，哪怕道途相遇，总是以歌声为媒。"莫说山歌不值钱，团拢几多好姻缘。不是山歌来牵线，短棍打蛇难靠边。"对歌跳舞之际，便可私下定情。只要得到"土老师"（巫师）认可，并于土王祠前拜献后，便可成婚。土老师就是"证婚人"，土老师认可就是法律认可。在恋爱婚姻上，"自由意志"得到了充分发挥。

男人扮演"媒婆"也是龚滩土家婚礼上的奇异特色。（"媒婆"罗以周供稿）

### 背起背篼找情哥

（酉阳情歌）

稀筐背篼眼睛多，背起背篼找情哥，
天亮找到天黑尽，不知情哥在哪坡。

### 要等哪阵才天晴

（酉阳情歌）

风又吹，雨又淋，妹等阿哥心焦人，
背时老天不睁眼，要等哪阵才天晴。

花灯表演　花灯是一种较原始的短小精悍的戏曲表演形式。它具有悠久的历史。酉阳花灯分平地花灯和高台花灯。平地花灯由旦角（妹子，道具为折扇、手绢）和丑角（花子，道具为蒲扇）二人表演，语言诙谐，动作滑稽，令观者捧腹。高台花灯则是在九张桌子搭成的高台上表演，其高难度动作让人叫绝。昔日，每逢新春和节日，花灯班子便走村串乡，给山民送去丰收的喜悦和新春的祝福。这是表演龚滩花灯"开五方财门"的镜头。

马马灯表演　龚滩群众在川主庙戏台表演马马灯，自娱自乐。马马灯是花灯的一种，为龚滩所独有。它明显带有原始祭祀舞蹈的遗痕，不过随着祭祀功能的减弱，它如今已完全演变成了一种单纯的民间娱乐活动。震耳欲聋的锣鼓声和欢快急促的节奏以及憨直朴拙的形体动作是其最显著的特征。亲睹马马灯，让人心跳也要加速的。

## 苦斗
### （酉阳情歌）

（男）白布帕子两丈长，结个绣球抛过墙，
　　　一看绣球散不散，二问情姐可丢郎。
（女）月亮弯弯照板墙，唱首情歌答情郎：
　　　千年不许绣球散，万年也不丢我郎。
（男）生要爱，死不忘，雷打火烧又何妨，
　　　雷公要打一起打，踏破天门见玉皇。
（女）生也恋，死也恋，生死同你共双鞋，
　　　生要同衾死同穴，同块木板写灵牌。

"改土归流"之后，由于封建经济的发展和汉人的大量涌入，婚俗也受到经济观念和汉人习俗的影响。原始的自由婚姻制度受到破坏，土家人也讲起了"门当户对"，并受到"父母之命、媒妁之言"的约束。起初，"婚娶以牛布五谷为聘"，以后，渐渐发展为订婚时男方必须向女方家纳牛、羊、猪、银、酒等物为聘礼。还兴出了婚礼时的很多讲究。

## 木叶情歌

(酉阳摆手舞曲之一)

大山木叶烂成堆,只因小郎不会吹,
几时吹得木叶叫,只用木叶不用媒。
高坡点荞哪要灰,哥妹相爱哪要媒,
要得灰来荞要倒,要得媒来惹是非。

木叶举手即摘,俯拾即是,作为一种吹奏乐器,音色清脆,有如鸟鸣。吹奏木叶也是情郎情妹表达爱恋的一种普遍方式。这个小伙子不会吹奏木叶,然而仍不愿顺从媒妁之言。自由恋爱私订终身是对"改土归流"以来引进的藩篱观念的反叛,但这种情歌却并未受到几百年来旧道德意识的阻挡,反而成为了现今万人传诵的摆手舞曲之一,唱到了摆手堂前,唱到了大庭广众之下。现今的摆手舞还成了土家山寨一道著名的风景呢。

所以,姑娘在出嫁时还有哭嫁歌《骂媒人》,骂得舒心解恨,骂得痛快淋漓:

背时媒人是条狗,那头吃了吃这头。
娘家来吹女婿好,婆家去夸嫁妆多。
树上麻雀哄得来,岩上猴子骗得走。
豌豆开花角对角,媒人吃了烂嘴角。
铁树开花八寸长,媒人吃了烂大肠。

## 酉阳哭嫁歌

油菜开花黄又黄,女要离娘去他乡。
娘帮女舍当心肝,女离娘舍痛断肠。
我的娘哎——

这是姑娘出嫁上轿离家时哭的歌。呼天抢地

龚滩的火桶　火桶是一种取暖工具,原始的暖气设备。底下生有木炭火,人坐其上,温暖无比。龚滩的火桶与江西等地一个人使用的圆形火桶不同,它是方形,可供更多的人取暖,且固定于房屋的一角,不能搬动。四口、五口之家,一个火桶,亦足以使全家人不至于受冻。这或许是由火铺演变而来。在龚滩,至今仍有不少家庭拥有火桶。不过,更多的家庭已习惯于使用更为方便的火盆。

油炸的油臣和红苕片是龚滩的名小吃。

的一声"我的娘哎——",真让人撕心裂肺,寸断肝肠!

可不要以为哭就完全是因为伤心,伤心是当然的,然其间还包含着对吉祥如意的期盼呢!土家风俗,不会哭嫁的姑娘是不准出嫁的。所以有的姑娘从十一二岁就开始学哭嫁,如果到时哭得不真切动人,是很没有面子的,会被人耻笑。出嫁姑娘往往在婚前十天半月或更长的时间便开始哭嫁,至"花圆酒"日(出嫁离家的前一天)之夜达到高潮。哭嫁期间,每至黄昏,亲戚朋友,左邻右舍的女人们无论老少长幼,麇集姑娘家,聚首痛哭。女哭娘,娘哭女,姐哭妹,妹哭姐,邻里姊妹老妇哭出嫁姑娘。出嫁姑娘则是见谁哭谁,哭爹娘,哭哥嫂,哭来客,还要哭穿衣,哭梳头,哭吃爷娘饭,哭辞别祖宗。直哭得万物为之垂泪,天地为之动容,夜半三更,泪干声竭,方可罢休。

其中,哥嫂姐妹陪哭,称"陪十姊妹"。清代土家诗人彭秋潭有《竹枝词》叹道:"十姊妹歌歌太悲,别娘顿足泪沾衣。宁山地近巫三峡,犹似巴女唱竹枝。"

出嫁要"哭嫁",治丧要"歌丧"。歌丧源于原始初民的巫鬼观念,是歌舞祭祀的遗风。在南北朝时就已流行:族人"始死,置尸馆舍,邻里少年,各持弓箭,绕尸而歌,以箭扣弓为节,其词说平生乐事,以至终卒。……歌数十阕,乃衣衾棺殓,送往山林"。

歌丧内容由当时的"说平生乐事"渐渐演变为"妥亡灵,慰生

龚滩小景

夜阑人静，小巷中还能听到推制绿豆粉的石磨声。

烙绿豆粉　这是烙绿豆粉的家庭作坊在夜间赶制绿豆粉，第二天一早便可上市出售。在龚滩，吃绿豆粉就像北方人吃面条一样普遍。绿豆粉经过锅内如此一烙，便有八九成熟，买回家下锅一烫，即可食用。在龚滩街上，出售绿豆粉的食店比比皆是。今天，《龚滩绿豆粉制作》已列入重庆市级非物质文化遗产名录。

者"，颂扬先人的宏恩大德，表明晚辈的孝敬之心。所以龚滩称其为"孝歌"，也叫"丧堂调"，因有鼓舞相伴，故也叫"丧鼓"。"人死众家丧，一打鼓来二帮忙。"亲戚朋友，左邻右舍都要参与。死者年岁愈高，歌丧者愈多。歌者逐一轮唱，众人帮腔，鼓乐齐鸣，通宵达旦。

酉阳孝歌唱得含蓄委婉：

高高白岩松柏翠，酉水悠悠流不息。
家乡亲人在哪里？今在何处栖？
家乡山水美又美，故土的人呵亲又亲。
亲人不见亲人面，盼你灵魂归！

鄂西利川孝歌则直抒胸臆：

孝家今夜打鼓闹（热），三亲六戚都来朝（拜）。
满堂儿孙披麻戴（孝），孝男孝女痛哭嚎（啕）。

家人合唱，唱七隐八。哀怨凄恻，催人泪下。对此，彭秋潭又有《竹枝词》叹道:"谁家开路添新鬼,一夜丧鼓唱到明。"

婚丧嫁娶有歌,日常生活劳动中更是离不开歌。"不唱山歌冷秋秋,唱起山歌闹九州。"

### 打闹歌
(酉阳民歌)

清早起来上山坡,边薅草来边唱歌。
打闹锣鼓咚咚响,一气薅过几重坡。

栽秧薅草也要鸣锣击鼓,歌声相伴。这种放火烧荒,刀耕火种的"烧畲"时代驱赶野兽的行为至今还在民间广为流传。劳动中充满歌声,辛勤的劳作变成了一种愉快的乐事。

### 大雨落来我不愁
(酉阳民歌)

大雨落来我不愁,蓑衣斗篷在后头。
蓑衣还在棕树上,斗篷还在竹林头。

堰桶、黄桶、水桶、水瓢、脚盆……一律为木制品,竹编、藤编也是龚滩的传统工艺,木头搭建的吊脚楼更不必说,这一切都表明龚滩人经历过长时期的森林文明。其实,土家文明就是森林文明。

编制藤器是数百年来龚滩土家人的一种生计。木材和藤子是武陵山给土家人的恩赐。武陵山养育了土家人，武陵山塑造了土家人的历史，武陵山是土家人朴素思想的注释，武陵山是土家人的童话和理想——土家的灵魂在武陵山的灵魂里。

原来，制作蓑衣斗篷的原材料还在树上未采集下来呢！真是"筛子背篼眼眼多"，这首民歌反映了勤劳朴实的土家人民族性格中风趣幽默的另一面。

3

土家族是生活在传说和歌舞中的民族，土家歌舞是土家艺术化了的人生。数千年来，土家人歌舞相伴，至今不辍。让文人的《竹枝词》也显得生命过于短促。不独土家族，任何一个民族，总是生活在自己的旋律里。土家的旋律是土生土长并经过中原文化浸润的，它是如此根深蒂固，如此铁板钉钉。尽管后来也唱过"听罢奶奶说红灯言语不多道理深"；也唱过"不能那样雅致那样从容不迫文质彬彬那样温良恭俭让"，但土家人最后还是回到了自己特定的旋律里。毕竟"山歌本是古人留，留给后人解忧愁"；毕竟"世间美味都尝尽，好吃不过高粱酒"。

当然，自己的旋律也是要"进化"的。现在的土家民歌已由原来简单的劳动呼号、街曲谣讴发展成了独具民族特色的歌唱艺术。"越是民族的，越是世界的。"这句说损了舌听损了耳的话确是"放之四海而皆准"。

阳戏表演　阳戏远自唐代便开始流行，最初作为祭祀表演，后演变为跳神，最后演变为独具土家特色的阳戏。昔日巫师跳神，小跳为傩愿戏，大跳即为阳戏。同治《酉阳州志》说："咒舞求佑……病愈还愿，谓之阳戏。"表演者头戴面具，成套的唱腔与独特的舞步是其主要特征。这是关爷开场的镜头。

正在演奏的乐队，这还是特地从乡间邀请来的呢。尽管龚滩人的这些表演显得那样粗陋和原始，然这正是他们心灵的最直接最本真的坦露。其实，这些小戏曲与土家的山歌和摆手舞一样，都是一种理想，一种憧憬，一种情愫，甚至是一种人生。龚滩人乃至整个武陵土家人都生活在朴实的精神世界里。

黄杨木出在东流口，推成扁担闪悠悠，

妹逢四九跟哥走，挑一挑白米下酉州。

……

楚国的《下里巴人》唱遍了郢都，和者甚众；大唐的《竹枝词》唱进了教坊，登堂乐府；如今，下里巴人终于变成了阳春白雪，一曲《黄杨扁担》唱红了中国，唱响了全球。巴渝民歌终于登堂入室，跻身于世界的"乐府"。

老龚滩下街小景

龚滩老街一角　左侧的堡坎和高墙便是西秦会馆

淡烟疏雨中的老屋

龚滩下街老巷子

## 三　千年摆手到如今

一般说来，原始初民的歌和舞总是不分家的，有歌必伴舞，跳舞必唱歌。史籍载，巴人祭祀"其歌必号，其众必跳"。晋何晏说："巴人讴歌，相引牵连手而跳歌也。"土家歌舞最集中的体现，便要算独具土家个性、充满泥土气息和山花芬芳的传统"摆手歌舞"了。

群众自发地燃起篝火跳摆手舞，是每天晚上必不可少的节目。现今，"土家族摆手舞"已经成为国家级非物质文化遗产。

相传，土王征辽时，正值年节，土兵思念家乡，土王即下令土兵摆手歌舞而娱乐，以活跃军中气氛，鼓舞士气。如此长期相沿而成为习俗，便有了如今极为盛行的土家摆手歌舞。

这只是有关摆手歌舞起源的传说之一。其实，土家歌舞的历史远比这个传说更为古老。它起源于古代祭祀中的娱乐活动。巴人的历史有多长，土家歌舞的历史就有多长。巴人立国之前，中原的早期文献中便有巴师"前歌后舞"助武王伐纣的记载。后被周公亲自编定为"大武舞"。巴人帮助刘邦平定三秦，刘邦称帝后，将巴人舞蹈引入宫廷，由乐师编排成四篇，定名"巴渝舞"。魏晋时，"巴渝舞"又由王粲、傅玄改编成为宗庙祭祀舞蹈，由世俗走向了神坛。当中原地区的舞蹈被宋元时代兴起的杂剧扬弃取代而逐渐失去其独立价值的时候，土家舞蹈却在武陵山区这个僻远的地方延续了下来，成为土家文化的重要内容而流传至今。从土家现在流行的摆手舞中，我们还能看到它在踢踏摆手往复回旋间依稀残留的古代祭祀歌舞的原始遗形，以及其后作为"丛林战舞"而具有的猛锐刚强的风格特征。

地方史料载："正月间，男女齐集歌舞，被除不祥，名曰摆手，又谓之调年。"可见摆手歌舞的原始功能。具有悠久文化传统的摆手歌舞是土家文化永远的经典。摆手歌舞时的土家人才是最本色的

酉阳是"摆手舞之乡"，而龚滩的摆手舞在酉阳又颇负盛誉。龚滩镇政府非常重视这项群众文化活动的开展，组织了业余摆手舞表演队伍。这支队伍为龚滩的经济和文化建设做出了很大的贡献。看，2002年5月"重庆·酉阳·龚滩世界攀岩挑战赛"开战前夜，摆手舞表演队正在紧张演练，为第二天的开幕式表演作着最后的准备。

土家人。

在武陵山区，每年的正月初三至十五，土家人都要祭祀祖先，祭祀在唐代天宝年间为平定"安史之乱"立下赫赫战功而最后又被唐明皇用毒酒断送了性命的"八部大王"（八大土家部落酋长），然后再以摆手歌舞为乐，驱邪迎祥。对此，清代土家贡生彭勇行有《竹枝词》吟道：

千年铜柱壮边陲，旧制相沿十八司；
相约新年同摆手，春风先到土王祠。

摆手舞有大摆手、小摆手之分。小摆手多于夜间在摆手堂内外进行，少则一个晚上，多则七天七夜。最后，凡有人参加的村寨都要摆到。大摆手一般三五年一次，在野外进行，规模庞大。历史上最盛大的摆手舞曾多达数万人。大型摆手舞，远近土民，不分村寨姓氏，皆着民族服装，披起土花被面，点燃火把灯笼，扛上彩旗木鼓，吹起牛角土号，点响三眼铳，风风火火而来。原野上，篝火旁，万民齐聚，人潮涌动，形成一片五彩喧腾的海洋。

德高望重的"土老师"（梯玛）是整个活动的主持人。他头戴凤冠，身着法衣，系八幅罗裙，手执八宝钢铃和司刀，带领众人首先虔诚叩拜"八部大王"，高唱"八部大神"赞歌。那低沉粗豪的歌声伴随着激越强烈震人心魄的咚咚鼓点，将人们带入那逝去已久的荒古岁月。

人群中央几丈长的竹篙子燃烧着熊熊烈火，四周的篝火也已点燃，急雨般的木鼓声渐渐变成滚滚雷鸣。雷声戛然而止，"梯玛"开始领唱

悠悠小巷

摆手歌。一人领唱，万人应和。欢快的摆手舞开始了。火的海洋又掀起波澜。踢踏摆手，恣意酣歌，光焰涌动，声浪如潮。这是生命机能的表演。人们在激越的律动中找到了一种心理的寄托，情绪得到了最大限度的释放，自身真真切切地体验到一种生命的鲜活感。酒不醉人人自醉。那上下翻飞左右旋转的摆，将浓浓的情谊摆出来，将深深的爱意摆出来。人们因此而陶醉，因此而沉迷。"舞低杨柳楼心月，歌尽桃花扇底风"。狂欢，一直要持续到深夜方才息歇。

摆手舞还残留着祭祀歌舞的遗痕。其动作大都模仿生产生活劳动，如耕田、播种、栽秧、打谷、抖蛋、宴饮、吆猴子、望太阳、赶仗（围猎）等，还模仿动物的形态动作，如雄鹰飞、牛打架、猛虎扑食、螃蟹伸脚之类。这是"再现"的舞蹈，风趣幽默，乡土气息极为浓郁。至于单摆、双摆、上摆、下摆、回旋摆这些单纯的舞蹈动作则用于情节间的转换过场。其特点是出左脚摆左手，出右脚摆右手，柔美中显现出雄健，缠绵中透露出刚强，又颇具"现代表现主义"的意味，别是一番情趣。

清代土家诗人彭施铎有《竹枝词》唱道：

> 福石城中锦作窝，土王宫畔水生波。
> 红灯万点人千叠，一片缠绵摆手歌。

跳摆手舞时所唱的歌，表现生产生活劳动的一般较短，几句歌词，简明直白，鲜明生动；表达爱情的歌曲则细腻缠绵，含蓄委婉；还有一种歌是长篇叙事诗，长者可达上万甚至数万行，它唱土家的创世传说、迁徙历史、英雄故事。这类歌是由"土老师"代代传唱不断丰富而形成的固定唱词。所以又被称为"梯玛神歌"。如《热客额地客额》《将军拔佩》等。"梯玛神歌"其实是土家族的英雄史诗。土家族的历史大都是由这类叙事诗经民间口耳相传而保留下来的，它对土家文化的传承功不可没。

近几十年来，经过地方文艺工作者挖掘整理和创新的摆手歌舞已经成为一种群众性的健身娱乐活动。它也不只是在年节时进行。平时每至夜晚，在土家山区的草坪上、江河边，随处可见围着篝火的土家人踢踏摆手，翩跹旋转而自娱自乐的情景。龚滩镇南端红庙子坡上的平坝就是跳摆手舞的一个绝好去处。只是现在不由"土老师"主持了，全由群众自发组织。在武陵山区的旅游点中，摆手舞还是一道必不可少的大餐呢！

当代土家诗人冉启华有《采桑子》一阕咏摆手舞道：

> 熊熊篝火团团乐，尽兴欢歌，世代欢歌，摆手堂前舞婆娑。　鼓锣笙曲优姿和，吆喝腾挪，潇洒腾挪，手摆身摆似月娥。

如今，"土家族摆手舞"已被列为国家级"非遗"项目。并被国家文化部选定为群众广场舞而大力提倡推广。相信，像巴人一样古老的摆手舞必将会像土家人一样焕发新的光彩。"尽兴欢歌，世代欢歌"，直到永远。

# 四　檐灯闪烁

檐灯是龚滩一道独特的风景。

檐灯是路灯，是挂在屋檐下的没有电线杆的路灯。

四百多年前，中国的城市都是没有路灯的，更别说偏僻的山区小镇。然而，在16世纪中叶，龚滩这个乌江峡谷中的小镇便开始有了路灯。这是一个奇迹！听起来仿佛是天方夜谭。

龚滩檐灯的设置不是"市政建设"，不由"财政拨款"。悬挂檐

夜的龚滩，檐灯闪烁，飘逸灵动，是一座充满生机的"不夜城"。

灯是乡民们自发的行动,是一种善举。

明朝万历年间的那场灾变让"龚湍"变成了"龚滩",从而改变了龚滩的命运,南来北往的船只越不过这险滩,货物、行旅不得不在此中转。一场天灾让商业机遇骤然降临到了这个乌江峡谷中的偏僻小镇。祸兮福所倚。用现在的话说,这既是机遇,也是挑战。既是快步走向繁荣的机遇,也是近代商业文明向传统渔猎农耕文明的挑战。没有回避,没有怨尤,龚滩人勇敢地面对并接受了这个挑战,龚滩因此而获得了迅速繁荣的机缘。

檐灯伴随着这个繁荣而产生,也为这个繁荣做出了贡献。

隔滩的上下两个码头之间,距离七八百米。中转的货物,必经龚滩的河街小巷绕行,人力上下搬运,另行装船,昼夜不停。通往酉阳方向的货物运输,也是夜以继日。而乡镇小路曲折起伏,拥狭逼仄,夜间更觉幽暗凄迷。数千年来的渔猎农耕文明使龚滩人习惯于日出而作,日没而息。羁旅的困苦,夜间劳作的艰辛,撞击着龚滩人质朴的心灵,也唤醒了龚滩人摆脱封闭和贫困而走向富裕的强烈愿望。于是檐灯便应运而生。檐灯照亮了起伏不平的石板小路,

冉家湾之夜

给脚力背夫点燃了希望，让艰辛的劳作充满了幻想，也给了长途旅人的内心一丝温暖，排解了羁旅的惆怅。

檐灯，闪烁着善的人性之光，闪烁着龚滩人进步和文明的理性之光。

兴许檐灯最初还只是星星点点，不成气候，但它毕竟开了乡镇路灯的先河。随着时间的推移，渐渐地，檐灯便串满了全镇的屋檐。至清末民初龚滩商业繁荣的鼎盛时代，龚滩终于成了一座"不夜城"。每至夜幕降临，檐灯初放，夜色中的灯光，凝聚成一种飘逸而灵动的彩练，给这垂垂老矣的千年古镇平添了一种勃勃生机，平添了一种华彩神韵。

檐灯闪烁，是商品经济萌动的信号。檐灯不仅给龚滩人带来了光明，也给龚滩人带来了生活方式的改变。有了檐灯，便有了夜市，有了夜间的经济生活。那可是中国最早的灯光夜市啊！檐灯闪烁，标志着龚滩人思维方式和行为模式发生了巨大的变化；檐灯闪烁，标志着龚滩人开始步入近代文明。

除夕之夜，贴上春联、门画，夜龚滩更添喜色。

进入现代，龚滩的商业繁荣因陆路运输的开发和兴起而日趋没落。然而，龚滩古镇却并没有因此而重新回到过去那死寂般的黑暗之中。檐灯还在继续闪烁着光亮。它已成了龚滩的一种独特的民间习俗而长期沿袭了下来，连横扫"四旧"的风暴也未曾使其湮灭。现在，檐灯的光源已由最初的桐油、菜油、茶油而改换成了电能，越发光亮了起来。

檐灯，是龚滩经济繁荣的守望者和见证人。

檐灯因其功能性极强，所以与民间的元宵花灯以观赏为出发点不一样。它没有虎、羊、鸡、兔之类的象征造型，也不向系列化、故事化、大型化发展。它至今仍是其原生时代的模样，仍是那么简单。多为四边形，以竹木为框，四周糊上透明的白纸便成。它出于乡民之手，也说不上精致。它的本质仍然是朴素。它与龚滩吊脚楼的本质协调一致，这是一种源于土家人天性的协调。

除了夜间照明，檐灯还有一项功能，那透明的灯壁是寄情的好地方，题上简短的话语，便可抒发主人内心的情感，寄托自己的憧憬和愿望。檐灯多为四边形，故所题也多为四字。每面一字，言简意赅。四字，颇有点类似春联的横批，然却并不与横批冲突，反而相得益彰。

看，一家村民娶媳妇。喜联题"紫箫吹彻蓝桥月，金鸟翔还玉楼春"，横批为"桃飘绣阁"，而灯上则题"莺语花灯"。这"桃飘绣阁""莺语花灯"既切贴，对仗又工整，堪称妙联。想想，两行对联，一幅横批，中间两扇门上是一对金童玉女像，门上高悬着闪闪的檐灯，那喜庆的气氛是何其浓烈。

昔日，檐灯上的文字大都请镇上的"秀才"书写。前年刚过世，有"龚滩活字典"之称的罗子南老人，便是书写对联和檐灯的高手。

檐灯题字的内容形形色色，有结合时政的，有勉励治学的，有自警自策的，有题赠共勉的，还有关于个人修养的。然而其最重要的一个共同特征便是紧扣时代，与时俱进。

早期的内容一般为"一帆风顺""前路光明""货不停留"之类，这些不外是对旅

从镇头，到镇尾，缓缓而行，欣赏檐灯，品味夜色，是一种阅读般的享受。要了解龚滩，要解读龚滩人乃至整个武陵土家人的心理历程，最有效的方式，便是从欣赏品读龚滩的夜色开始。

龚滩子南茶座之夜

人的祝愿，对背夫的告慰及商家的期望等等。解放初期，一般题有"春回大地""普天同庆"……"文革"期间有"移风易俗""破旧立新"……改革开放期间则有"岁当盛世""国展宏图""科教兴国"……香港、澳门回归又题"四海归心""江山一统""金瓯渐圆"……如今，又题出了"大兴旅游""振兴龚滩"……

　　檐灯，是时代变迁的见证，是时代精神的体现。

可不要以为白天的檐灯就缺乏韵致，看，曾家坪这幽深沉寂的小巷中，赫然跳出了一串欢快的音符。

今年初又一次进龚滩，突然发现檐灯又有了新的变化。昔日裱糊檐灯的白纸，全然换成了一派红绸。悠悠小巷，红灯闪烁，龚滩更增添了一派喜庆的色彩。古老的檐灯，闪烁着龚滩土家人红色的梦想和希望，天长地久，永不熄灭。

## 五　黄葛绿云

清人王尔鉴，雍正八年进士，曾任山东济宁州知州，乾隆十六年，因事降补巴县知县，曾有《龚家崖》一诗吟道：

　　悬崖竹树影参天，
　　崖上人家屋数椽。
　　莫笑欹门黄葛老，
　　犹撑古干撼风烟。

重庆市树黄葛树为重庆的乡土树种。植物分类学上将其划归落叶乔木，然很多黄葛树似乎是经年不凋的。因为它的落叶并非全在冬季，且时间也不长，就像百姓说的"脱叶换衣"。所以，冬季也能看到茂密如春的黄葛树。

龚滩镇中央一山崖上，

高大的黄葛树，庇荫着龚滩古镇。

严冬时节的黄葛树依然茂密如春。它是形而上的。它那老迈虬曲的枝干内,似乎奔涌着一腔热血。它的姿态似乎存着某种精神指向,让人陷入对生命的沉思和冥想。

凌空有一棵巨大的古黄葛树,凌寒不凋。龚滩就是顺着这棵古黄葛树南北铺衍延展而成镇的。它至少也有七八层楼高,与蛮王洞隔江相望。那遒劲的枝干,托出一片绿云,撒开一片绿荫,带给龚滩一片绿色的生机。

这棵古黄葛树已成了龚滩最显著的标志,有如黄山的迎客松。外地人入龚滩,远远望见它,便知目的地将到。船主便要准备抛缆靠岸,卸货装船;客商便要检点银两,收拾行装;远方的游子归来,一眼望见它,心中便会涌起一股暖暖的潜流,脸上就会泛出一种异样的光彩。

《巴县志》说:"黄葛结实,堕地不生,小鸟食之,由其腹中泻出,其实乃生。黄葛实多,寄生他木,盖由于此。后逐渐长大,无人移植他所,其根遂缠绕他木,如葛藟然。今乡里多有之。"而现在人工繁殖,多为扦插。随意摘下一枝,插入土中即能成活。在巴渝大地的悬崖峭壁上，乱石沙碛里，城墙石缝中，随处可见横空而出的黄葛树那虬根盘结的身影。

然而黄葛树毕竟是草木之隐逸者。它不具备招摇的外表和内秀的品质，似乎质材也不怎么中用。它和吊脚楼的共同之处便是朴素。它没有其近亲姊妹黄桷兰那浓郁芳馥的花香，可以成为人们盆栽中的珍品，成为女孩子们胸前的饰物；更没有它的近亲兄弟榕树那一丛丛飘逸潇洒的美髯，可以落地生根独木成林，而成为生命力的象征。所以，它没有显赫的名声，在历代墨客骚人的辞章中也难觅其踪影。人们咏梅咏竹咏松咏柳咏梧桐，赏菊赏兰赏荷赏桂赏牡丹，谁听说过赏黄葛咏黄葛？提起这几个字，似乎都觉得索然寡味，毫无兴致。可见它和它所庇荫的龚滩古镇一样，尚处于中国的文化视野之外，或者说它是传统文化中的一个盲点。

所以龚滩这棵古黄葛树尽管也有几百年高龄，却仍然是"养在深闺人未识"。王尔鉴能慧眼独具咏黄葛，正视它的存在，实属不易。

隐逸隐含着高傲。

这古黄葛树生长在镇中心一座突兀的山崖上，周围荆棘丛生，杂草蔓延，难得有人能和它接近。它毫无顾忌地袒露出它倔犟的性格和卓特的丰姿，更像是一位"大隐隐于世"的高人。它浑身上下爬满的寄生植物旁枝蔓衍，藤萝下垂，仿佛是从古代的文人山水画中移栽过来。原始丛林中才能见到这样的装束。

它从那场巨大的崩岩滑坡中幸存下来，巍然屹立数百年，居高临下，冷眼看世界。滔滔江水在它足下流淌，悠悠岁月从它身旁滑

黄葛树的树干上爬满了各种各样的寄生植物，仿佛是一位披坚执锐的古代勇士。它总把人的思绪引向远古的洪荒；它具有一种超越时空的立体感。

龚滩危岩上的蟠龙楼　干枯的黄葛树桩成了房屋的天然支脚。这枯树桩便是民间传说的"蟠龙神针"。危则危矣，然近两百年来，蟠龙楼却是风雨不动安如山。此楼实为中国建筑史上的一大奇观。

过。它遭受过蒙古铁骑的蹂躏，也接受过大夏政权的恩惠；它送走了抗倭的土家兵团，又迎来了张献忠的起义大军；它目睹了明王朝悲壮的覆灭，也享受过"康乾盛世"的繁荣；它亲历了白莲教起义的亢奋，也见到了"天朝田亩制度"的曙光；转而它又不得不接受"同治中兴"的虚妄，旋即，又为大清国祭悼了亡灵……

逝者如斯，几个伟大的王朝犹如乌江滩中的浪花，转瞬即逝，不留痕迹。而它，龚滩的这棵古黄葛树却至今傲然凌空，风尘仆仆地走进了21世纪。它那一身沧桑，浓缩了几百年历史，浓缩了几百年文明。它是一部元朝至今的编年史。

在龚滩，还有另一棵古黄葛树，也极负盛名。它位于镇最北端秦良玉故居临江一面的绝壁之上，乌江围此绝壁向右转向。若溯江而上，老远就能望见它。它严冬也茂密如春。因其根系缠绕崖壁岩石而形成斑纹状，被龚滩人称为"虎皮黄葛树"，并号称有千年之寿。这大概与秦良玉在土家人中的声望不无关系，也与土家人以虎为图腾有些瓜葛。其实龚滩人大都认为它的树龄不及前面说到的那棵标志性黄葛树。当然，此树肯定是有幸瞩望过秦良玉的巾帼风采，也掩蔽过秦良玉的"白杆兵"的。

王尔鉴还有一章"长句"专咏黄葛树，道出了它存在的价值：

惟兹黄葛钟气雄，盘结魂磊俨神工，
拔地本耸屹山岳，凭虚根起蟠虬龙。
几经雨露与霜雪，柯古不改排长风，
密叶天覆暖荟蔚，万间广厦青荫浓。

龚滩的古黄葛树从峭岩上伸展出雄健的枝干，实践着它的价值，几经风霜，"柯古不改"。数百年来，它经历了龚滩的盛衰与荣辱，在乌江峡谷中支撑起一片精神天地，昭示着一方沃土上芸芸生民的顽强和坚韧。

有了古黄葛树，龚滩便有了化身。

有了古黄葛树，龚滩便有了精神。

# 第三章 | 万古干栏
## WANGU GANLAN
## 武陵幽居
### WULING YOUJU

吊脚楼演绎了数千年的传奇，延绵至今。它在乌江岸边铺陈开来，洋洋洒洒起伏错落。它和乌江水、黄葛树乃至土家人一道，熔铸了龚滩的人文历史，让龚滩有了魂魄。它讲述着一代又一代的事典，我们来聆听……

# 一　悠悠吊脚楼

1

吊脚楼已成为了一种象征，像虎饰文物一般，成为了巴文化的象征。

由远古巢居衍变而来的吊脚楼，经历了几千年的风风雨雨，到如今似乎注定要被钢筋混凝土高楼所取代。吊脚楼曾作为一种普遍存在的居室形式，遍布古代巴国的山山水水，然而不经意间，那辉煌一时的吊脚楼居然在我们的眼皮底下消失殆尽了。

当一件事物日渐消亡，只有作为一种"历史文本"而存在的时候，其精神层面上的意义就会愈加显现。吊脚楼那长长短短的支脚，那参差横斜的椽梁，那瘦骨嶙峋筋骨毕现的墙面，都成为了一种精神的表征而存在。

所幸的是，龚滩还为我们保留了如此完好的吊脚楼。它们像标本一样在乌江峡谷的峭壁上错错落落地撑开，静静地陈列着。时间，仿佛在这远离尘世喧嚣的地方出现了休止符，将土家先民艰难而又极具匠心的创造定格在了这乌江岸边，也将土家先民的社会生活和精神生活图景凝固在了这武陵深处。让我们能够一睹干栏建筑"活化石"的原始风采，领悟古代巴人原初的生存本能和顽强的生命意识。

## 2

  老龚滩镇并不大,仅南北纵向两条街,一老一新。那老街从头到尾也不超过2公里长,想来若从空中俯视,老街新街该像一个平行于乌江的"约等于"符号。吊脚楼沿街也是沿江一溜铺开,密密匝匝地布满了崖下的坡地。它们最大限度地利用了逼仄陡峭的空间,或跨涧,或附岩,或骑坎,或梭坡,或扭曲,或错层……千姿百态,形形色色,依山就势,随遇而安。

  外地人入龚滩,初入眼,那些交错纷杂的吊脚楼颇有随意散漫之虞,似乎难有章法可循。其实不然。正是这一点,使它们成为了画家和摄影师猎取的对象。原因何在?回答是:天造地设、"气韵生动"。这气韵,便是旋律,是节奏,是起承转合,是自然之脉络。透过那"无政府状态"的外表,艺术家发现了它们其实严守着自然的绳墨。不信看那老街,若有立足之处,便楼宇密布;若逢绝壁溪流,则自然敞开。吊脚楼密集而疏朗,错落而有致。溪涧桥洞,散

龚滩老街一角

形形色色的木构老屋

落其间,芳草萋萋,烟树葱茏。老街漫步,忽而山穷水尽,前路莫明;忽而柳暗花明,豁然开朗。忽而恍入"一线天","自非亭午夜分,不见曦月";忽而如临"舍身崖",千里峡江尽收眼底。举起画笔,即生气韵,打开镜头,皆是佳构。那浓浓的乡俗气息和田园牧歌般的情调,让人想起海德格尔"人,诗意地栖居"的名言。在山地人居环境和环境美学方面,此处堪称一佳例。

龚滩民居不像重庆吊脚楼那样纵向重叠,危若累卵;也不像北京四合院那样四平八稳,横向铺张。它们的腰肢身段恰适合生存于这溪流纵横,瘴疠之气横生而又说不准什么时候会有山洪暴发的峡谷坡地之中。它们的一招一式都是一种符合既定设想的有规律的空间延伸,是再合理不过的。它们那不拘"礼"节的随意散漫恰与这大地山川相默契,与坡形地势相吻合。这,就叫天造地设。为什么我们不能在地图上找到一条直线?难道我们不能认为,龚滩民居

第三章 万古干栏 武陵幽居

正如地形地貌一样，体现了大自然内部的逻辑结构，体现了自然秩序的完美吗？

我们断不能认为这是土家人对自然环境的被动适应，而应该看到这是先民对环境的可贵认同和合理理解，并准确地把握了场地精神，使建筑和自然环境相互渗透，完全融合，从而形成一个和谐的区域生态系统，而使自己享受着一种"绿色的"生活方式。这种形态是建筑理念与自然环境充分协调的产物。所以不妨说，吊脚楼是一种"生态建筑"。

龚滩的吊脚楼还有一个令人意想不到的神奇之处。建房时，均先搭成木架，然后再安上板壁。这是常规的做法，并无奇特之处。然而其玄机在于，龚滩吊脚楼的板壁居然能拆卸自如。若遇山洪暴发，主人们只需将壁板拆下，便可无事。没有板壁的空屋架，自然少了许多阻力，洪水从房架之间顺利地流走，仿佛泄洪。洪水退后又将壁板装上，房屋居然完好如初，真让人拍案叫绝。

融合自然，渗透自然。这恐怕就是龚滩吊脚楼最具魅力的特色之一了。

# 3

龚滩吊脚楼的动人之处还在于它的单纯和质朴。它不崇尚精致和奢华，也不追求宽绰和气派。装饰，肯定是少不了的。然而它的装饰简单而朴素，不像徽州民居那般处处精雕细刻，无不描金绘彩。它或许认为那是暴发户的过度挥霍。富裕点的人家，只需要一个赋有象征意义的变形"万"字符号，配以简单的花草图案。便可把门窗、栏杆装饰得妥妥帖帖。既富含寓意，又朴素大方。朴素，难道不是一种更高的境界，一种更高层次的美吗？

很难设想，一个穿着白布短衫的土家男子或缠着蓝布头帕的土家姑娘在雕梁画栋的豪宅里，在精妙绝伦的"商"字图案下穿堂入室的情形。那样的居住环境，似乎总和围花马褂、三寸金莲联系在一起。由此可见民族传统习惯和思维观念对居住形式的影响。

一般说来，唱山歌的民族是朴实的。土家民族朴实的性格与他们朴素的衣着和朴素的房屋装饰乃至朴素的思维方式是如此统一和谐，就像绿色融化于乌江中一样自然。

龚滩的吊脚楼上也几乎见不到"美人靠"，那恐怕也该是强宗豪门的专利吧。龚滩是平民的，平民的门前用不着石狮子、石鼓，内里也用不着"美人靠"。横梁上挑出一个"耍子"（相当于阳台）就足够消闲纳凉，谈天说地的了。镇上的人家，"耍子"上隔街相望，闲来摆摆龙门阵，家长里短闲聊一通，那是很普遍的。邻里间的亲情，还维系在这"耍子"上。

当然也有富豪之家。龚滩的所谓富豪之家，不过就是占地宽阔一点罢了，其建筑平面布局大都也仅"一正二横"，绝非高墙大院，宏梁伟柱。门窗栏杆上一般也饰有几何花草图案，然却见不到雕梁画栋，甚至很难找到石刻栏板，连柱础之类都极为简单。尽管大都

吊脚楼高架凌空，阻隔了瘴疠之气的侵袭，其底层又是豢养牲畜和堆放杂物的好地方。这是吊脚楼合理利用空间的绝妙之处。

建有朝门，然而它却并不张扬，毫无炫耀财富的意思。炫耀不是土家人的品格。哪怕是富豪之家，他们的"家"也总是显得那样平静谦和，其本质仍离不开"朴素"二字。

龚滩吊脚楼的平民性决定了它朴素的品格。朴素的品格表现为不浓艳、不华丽、不雕琢、不矫饰，古拙纯净，自然天成。这种朴素非但没有削弱其文化含量和认识价值，反而透露出一种崇高，一种非凡。在如今这个物欲横流追求现代享乐的年代，人们已经没有了"精神家园"的概念。轻柔甜腻、香软温馨，或者光怪陆离、感官刺激成了人们审美判断和价值取向的标准。所以很多"现代家庭"都将居室装饰得犹如酒吧间一般，而龚滩吊脚楼反则成了"另类"的存在。殊不知，这个"另类"在"现代文明"面前是何其难能可贵。一方面，它呼唤着中国人静观与玄览的思维传统；另一方面，它告诫着现代人警惕异化和非我。

龚滩吊脚楼，是一种另类的现代。

## 4

龚滩，也少于见到封火墙，除了公共建筑如川主庙，富商豪宅如杨家行等少数例子之外，几乎全是地道的木构吊脚楼。这甚至和离它并不遥远的龙潭镇也大异其趣。

龙潭的木构房一窝蜂地朝井院式发展，有的甚至形成多重院落几个天井。从甘家院子、赵家院子、孙家院子、吴家大院等名称就

吊脚楼下，既防潮，又通风，免受了日晒雨淋，还不占据生活空间，自然是存放未来的身心寄托之所——棺木的最佳位置。看到这种情形，是不是会令人联想起下游马鞍城那一壁崩崖上的古代巴人悬棺呢？这种联想或许能启发考古学家和社会人文学者们的研究灵感哩。

装饰一新的老龚滩吊脚楼

可以想见它们的外貌和规模。这些院子几乎都一无例外地建有高高的封火墙。封火墙似乎总是和院子联系在一起。登高眺望,你会觉得龙潭简直就像安徽西递和宏村的翻版。

同为渝东南古镇,龚滩、龙潭却风格不同,气质迥异。龚滩不以"院"而是以"楼"相称,如什么盘龙楼、织女楼、鸳鸯楼、揽月楼、绣花楼、逍遥楼……仅从这些称呼,便可以看出龚滩和龙潭的明显区别。这些楼的名称,颇富浪漫情调。可别以为那是公园中的景点,实实在在它们是龚滩的老民居,是纯粹的木构吊脚楼。

当然也有类似院子的民居,但毕竟不典型,且并非都是一个个封闭的空间。如夏家院子之类,尽管也有一正两横,一个院坝,然那临江的一面却都是全敞开的,室内空间与室外空间,院内空间与院外空间彻底融合。凭着那低矮的石坎,便可饱览小镇风光、一江秀色。

龚滩民居不设防,没有高墙阻隔,没有大院围堵。你永远也见不到那种"洞门深锁无人问"的自成一统的情形,而家家乃"门前流水后通山"。龚滩是开放性的。这是龚滩吊脚楼的又一大特色。

武陵山区位于云贵高原与中原及湘楚之地的过渡地带,自然成为西南文化与周边文化的结合点,龙潭民居突出地显示出了这种结合的特征。

封火墙主要分布于长江流域,东达海岸,西至四川盆地均有分布。而最发达的地区当属皖南,皖南或许是它的诞生地,并由此向

杨家行老盐局

外辐射的。当然这还不能成为最后定论。但土家建筑的封火墙，显然是受东边来的文化影响。西至重庆，封火墙则已极难见到。重庆的强宗豪门宅第，也极少构筑封火墙。倒是下江人来建的湖广会馆，还给重庆留下了这么一个能证明其文化来源的例证。

天井则是从北面传来。天井的封闭性特征暗示着它是由远古的穴居演变而来。穴居本是北方原始民族的居住传统。[①]龙潭的井院合围式干栏建筑，表明了它是由南下的天井和东来的封火墙加上自身的干栏式建筑三合一的产物。

当然，天井很可能也是经由东边转徙而来，因为在皖南，天井已经和封火墙紧密地结合在了一起，而且是那样珠联璧合，那样完美无缺，显然是经过长时期的糅合而本地化的。天井不是长江流域的土特产，却可能和封火墙一起传入武陵山区。

龙潭所依的龙潭河为酉水支流，属沅江水系，东注入洞庭湖，

---

[①]应该承认，巴人的先祖在廪君时代也曾穴居过，这从有关廪君的传说中可以推断。然穴居并未成为巴人固定的居住模式，更未成为一种文化传统。

傍溪而建的吊脚楼

它所处的地理位置使这种融合成为必然。所以，无论从建筑的形制和风格上看，它和湘西各地如茶洞、凤凰、吉首以及鄂西的咸丰、利川等地都更为接近。封火墙便是其主要特征之一。这一点它甚至和长江中下游各省的民居也极相似。

龚滩则不然，也许因为它地处乌江峡谷，和龙潭之间隔着毛坝盖这个两流域的分水岭，而与巴国故都重庆有着更多的联系。所以龚滩更多地保持了土家固有的文化传统，保留了巴地本土较为纯正原始的吊脚楼。

大致可以这样认定：龚滩的吊脚楼体现的是土家建筑乃至整个中国南方建筑的源，而龙潭的干栏建筑则体现的是流。这是两个相邻古镇的本质区别之所在。也正是这一点，表明了龚滩吊脚楼的历史和文化价值。

巴国故都重庆的吊脚楼也是开放性的，也没有封火墙，也少有天井。这和龚滩有共同之处。然而重庆吊脚楼不仅开放，还相互串通，相互渗透，相互依存。无论江边还是崖上，一大群吊脚楼，往往有室内甬道贯通其中。它蜿蜒起伏，九曲回肠，实际上是室外道路的延伸。这些甬道和大街小巷相联，构成一个巨大的网络覆盖了

鹅儿岭苗寨的吊脚楼

清江一曲抱山流,崖上烟村八九家。龚滩峡谷中的吊脚楼沿乌江疏疏落落地摆开,摆成一幅如诗的风景画。

整个山城。那随山就势盘旋蜿蜒的阵形,有如太极一般,充满孤峭玄妙的意趣。显然,这是龚滩的那个"约等于"符号所不能比拟的。然而这位于古代巴国边鄙之地的龚滩少了几分都城的玄妙,却多了几分乡野的质朴,少了几分都城的喧嚣和躁动,多了几分乡野的超然和野逸。

所以,如果要探寻巴文化的根,要品味巴文化纯正地道的原始风采,恐怕只有到龚滩才能如愿了。

## 5

如果说,北方的四合院体现了儒家"礼"制的尊卑秩序,徽州民居显露的是商人唯利是图寸利必得的心理特征,江南水乡民居透露出的是传统文人清优闲适的雅趣,那么,这武陵深处的龚滩吊脚楼则充溢着一种道家哲学朴素淡泊和超逸清远的精神气质。龚滩,不讲坐北朝南,上尊下卑;没有"四水归堂、五岳朝天";勿需池塘假山,水榭回廊。龚滩,纯粹一派山情野趣。它远文雅而近粗豪,远精致而近古拙。这,便是龚滩吊脚楼的神韵之所在,也正是龚滩吊脚楼的魅力之所在。

想起中国古代一个传说。尧以天下让巢父,巢父不受,又让许由,许由也不受。不受便罢了,可许由却来到颖水边洗耳,认为听四川汉画像砖上的庭院（拓片，采自《四川汉代画像砖》） 在庭院中有一高高的干栏式望楼，可见"高楼临道"在汉代的四川极为普遍。

从此图以及下面的一幅拓片中，都可以看到有席地而坐的人。因为人席地而坐，生活器皿也是置于地上，所以早期的土陶和青铜食器如鼎、鬲、豆之类都有长长的腿或高高的器座。至商周时代，室内的主要家具便只是低矮的床榻，人坐在床榻上和席地而坐的姿势是完全一样的，就是"跽"，也叫长跪。魏晋时，中亚游牧民族的"胡床"（相当于折叠椅）传入中原，才引起了中原坐具的革命。至隋唐，中国的凳、椅才诞生。也就是说，隋唐以后，北方中国人才改席地而坐为垂腿而坐了。

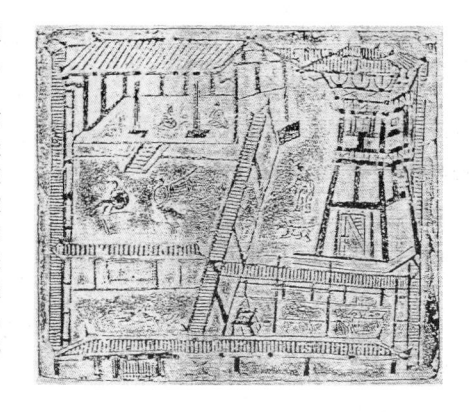

了此话脏了自己的耳朵。巢父则更甚，本是牵牛犊来饮水的，得知许由洗耳的缘由，便转而牵牛犊去上游饮水，认为此水又会污了牛犊的嘴巴。在古人的诗文中偶尔还能见到这个典故。巢父是因隐居于巢上而得名。巧的是许由也"夏居巢上"，故许由也称"巢由"或"巢许"。这里所谓的"巢"，其实就是原始的吊脚楼。上古时的两位高士都隐居于吊脚楼上，可见这吊脚楼还的确是个隐居的绝好去处，在这里，才能找到属于自己的清高、孤傲与自在。

这乌江边的吊脚楼，还真有那么点山居野处的远古遗韵，望一眼都让人感动。那风化剥蚀的堡坎隐藏于深深的榛莽之中，长长短短的支脚支撑起高低错落的屋架，让人想起丛林中的原始部落；瓦顶苔藓丛生，板壁雨痕斑驳，残存的火铺和吊架述说着昔日的旧梦；立柱横梁一律的烟熏色，仿佛被岁月的醇醪浸透；唯有屋顶上那袅袅炊烟，还昭示着它属于当今。走进吊脚楼，便走进了历史，也融入了自然，既使人感到几分沉重，也让人得到几分轻松。

古人说"仙人好楼居"，不是没有道理的。早期的干栏式建筑总是伴随着筵席制度。筵席就是席居。筵乃粗席，铺于地面底层，席作表层，进了屋席地而坐，睡觉也是就席而卧——远古时是没有凳子没有床，甚至没有被褥的。朴拙随意导生出潇洒人生，因此而有了"席地幕天"的成语，专形容旷达开朗、不拘形迹的人生态度。

吊脚楼越溪跨涧，虚阁堪支，脚底下空悠悠的，室内陈设简朴而意境超逸。居于其中，如隐山林，心静如水，安然忘机，自然会生出参禅悟道的感觉来。

川南汉画像砖中的"栅居"图（拓片，采自《四川汉代画像砖》） 右侧的建筑是典型的吊脚楼，这是川南"西南夷"当年居住形式的真实记录。

## 6

巢父和许由的故事，说明早在传说时代，干栏式建筑就传到了中原，也就是说，四千多年前中原就有了吊脚楼。

进入信史时代，在殷商的甲骨文中，我们就看到了文字记载的吊脚楼。如"髙"（高），《说文》释："高，崇也，象台观高之形。从冂、口，与仓舍同意。"孔广居释："像楼台层叠形，八像上屋，冂像下屋，口像上下层之户牖也。"

有人考证，陕西周至的楼观台曾经就是干栏式建筑，而并非一开始就是现在这个样子。春秋时代的老子，就是在那吊脚楼般的楼观台上撰就《道德经》的。

战国时的"亭"（亭）字，就是吊脚楼的象形字。《风俗通》曰："亭，留也，盖行旅宿会之所馆。"当时的亭有楼，是供旅客停宿的处所。

为了迎致神仙，希图长生不老的汉武帝在长安城、甘泉山等处遍建宫观。张衡形容它们"干云雾而上达，状亭亭以苕苕，神明崛其特起，井干叠而百增"，何其壮观！井干楼就是典型的干栏式建筑。

至魏晋时，干栏与筵席制度还广泛流行于中原地区。看看高士们芝房论道，梵宫谈禅，那是何等境界？然而那芝房梵宫，说白了，不过就是干栏式建筑，或者干脆说，就是吊脚楼，不过被僧道们借用去罢了。建于恒山中，至今保存完好的悬空寺就是一个极好的活化石。

干栏式建筑经帝王一提倡，居然渗透到了整个官式庙堂建筑领

具有几百年历史的老街石板路

域；经僧道一推衍，居然形成了后来修建木塔的风潮。南北朝时，木塔构思之奇异，建造之精巧都达到了登峰造极的地步。连后来的砖塔、石塔都要尽量模仿木塔的外形和结构。最初作为民居而出现的干栏式建筑被推向了极致，使其蒙上了一层神秘的色彩，让人有点敬而远之。

北朝的木塔已不可寻，不过看看至今保留下来的由辽代契丹人修建的应县木塔就足以让人明白，胡人把木构建筑演绎发挥到了什么程度。

当然南方也有木构塔式建筑。如黔东南地区的侗寨鼓楼。中原的木塔与西南的鼓楼南北呼应，北方是浓郁的宗教神秘，南方是轻扬的人间烟火，形成一种极为独特的文化现象。木塔和鼓楼本是孪生姊妹。鼓楼留在本土生息繁衍，至今不脱乡俗的气息，而木塔却迁到了中原削发为尼，沾染了一身仙佛气。

晋末"五胡乱华"，干栏和席居制度便已开始逐渐退出中原，向它的发祥地南方撤退。因为胡人原本为穴居民族，不住干栏，也不兴席居的。但他们的宗教信仰和来世观念却远甚于尊奉儒家思想的华夏民族，所以只把修建具有佛教象征意义的木塔继承了下来，而干栏式建筑的支足则逐渐被盛行的土台所取代。在夯实的往往内里有竖立木柱以使其牢固的土台上建楼，便形成了所谓的"楼台"。渐渐，楼台在北方成了一种普遍的建筑形式。北方高台上的"楼

100　巴渝古镇·龚滩

台湾原住民的窝棚（左）和太平洋岛屿新几内亚巴布亚人的树上房屋（右）　这些都让我们看到了干栏式建筑的早期形态。（根据资料绘制）

台"和南方高足上的"楼阁"形成了一种有趣的对照。不难设想，南方的干栏式建筑对北方楼台的形成是起了关键作用的。我们很容易从赵武灵王的"丛台"、汉武帝的"柏梁台"以及曹操的"铜雀台"上悟出这一点。

当然南方也发展出了与北方土台类似的建筑基础，那便是石砌的堡坎。只是楼阁并非都直接建于堡坎之上，其间大都支撑着吊脚楼的高足。而堡坎也并非只作为房屋的基础，它还用于保护岩坡。然我们从土台和堡坎之间似乎也不难发现南北建筑文化间的联系和影响。

在干栏式建筑退出中原的同时，民间则流行起了火炕。不过我们从中原地区一个大家庭共用一个大火炕的现象中还能隐约发现席居制度的遗痕。

直至近代，北方仍有俗语说："吃的是油，穿的是绸，住的是楼。"可见楼仍然是北方人理想中的居住方式。

有意思的是，退出中原的干栏和席居制度居然传到了同样为"胡"的朝鲜和日本，影响并决定了他们一千多年来的生活习俗和居住模式，甚至成为了他们的文化传统。至今，朝鲜人、日本人进屋还是席地而坐，睡觉还是就席而卧，从不兴坐凳子椅子睡藤绷子什么的。

其实，干栏式建筑的原生地本是在南方潮湿多雨的地区，它是经南方的地理气候条件的"自然选择"而形成的。在这个意义上说，它的产生是一种"天意"，所以它能在南方长时期地生存下来，成为南方各族共有的建筑传统。《魏书·僚传》说："依树积木，以居其上，名曰'干栏'。"《太平寰宇记》说渝州"乡俗构屋高树，谓之阁阑"。都是说的吊脚楼，《国语》有"桀奔南巢"，《书·序》有"巢伯来朝"的记载，这些都证明巢居为南方的文化传统。

今天，西南地区的众多少数民族如侗、苗、傣、佤、景颇、基诺等仍然遵循着这个传统，居住在吊脚楼上。吊脚楼还向南广泛流播，成为东南亚、大洋洲土著的主要居住形式。太平洋岛屿上原始部落赖以栖身的吊脚楼，至今保持着一种原生状态。

有将近七千年历史的浙江余姚河姆渡遗址以及稍晚的云南剑川海门口遗址让我们得以窥见吊脚楼老祖宗的原始风采。当时先民们就已经为避禽兽之害和瘴疠

平面"一"字错落型吊脚楼（上） 平面"凹"字形吊脚楼（中） 平面"丁"字形吊脚楼（下） 这是龚滩吊脚楼的三种基本类型。

位于清泉乡的走马转角楼（吴胜延摄） 因"耍子"（阳台）绕楼而建，且宽可走马，故名。因"耍子"也称"龛（本地人读作"qiān"，音签）子"，所以这种楼也称龛子楼。

之苦而广泛采用榫卯方式栽桩架板，建造高架凌空的干栏式房屋，创造了吊脚楼。传说中的上古有巢氏，应该是南方民族的祖先。

祖籍南方的吊脚楼在中原演绎了三千年的历史，成就了它的辉煌，然却像过客一般，最后又不得不撤回西南一隅。

## 7

物换星移，风流云散，昔日的辉光已渐渐淡去，吊脚楼终于蹒跚走到了今天。

现在，龚滩的吊脚楼在基本结构上仍然与那些史前建筑没有本质区别；现在，龚滩的土家人仍像先民一样"上栋下宇，结栅以居"。大山依旧，江水依旧。那一抹荒古的流光仍在这乌江岸边隐隐闪烁，那一脉祖荫的细流仍在这武陵深处缓缓流淌。

岁月将沧桑尽情地倾洒在吊脚楼上，赋予了它一种撩拨人心的深沉和迷茫。衰老，固然是衰老了。然而，当现代都市人从长期蜗居的钢筋混凝土中走出来，蓦然回首，灯火阑珊处，吊脚楼恍若一位历尽风霜的老者，沉默无言，那遗世而独立的身影透露出一种让人无法抗拒的崇高和尊严。

高阁临风的盘龙楼

俯临乌江的织女楼

## 二　龚滩胜迹

### 西秦会馆（红庙子）

　　所谓会馆，是指同籍贯或同行业的人在外地设立的机构，它建立起馆舍，供同乡同行聚会和寄寓之用。有点类似现在的驻外办事处。会馆的建立，使旅游于他乡的人"籍有稽、游有业、困有归也"。在清代，同乡商人在外地建立会馆似乎已成为一种惯例。它是中国封建社会末期资本主义商品经济发展的必然产物。龚滩的西秦会馆，自然是陕西商人在龚滩所建立。它是龚滩向近代商品经济迈进的一个标志，它表明陕西的商人在龚滩周围乃至整个川鄂湘黔边区已经形成了一个较大的集团。或者说，陕西商人已以群体的力量占据了川东南这个巨大的商业舞台。所以本地人将陕西商人称为"陕西帮"。

西秦会馆的大门　高大挺拔，威风不减当年。那改变了原貌的白粉墙和"红海洋"的烙痕更为它增添了一抹历经岁月的沧桑。

西秦会馆的戏楼　无论从哪个角度看，都和徽派民居以及江南水乡民居中的戏楼极为相似。

清光绪年间，陕西商人张朋九最先来龚滩开设盐号，经营川盐生意。并亲自经手修建了西秦会馆，作为同乡商人的聚会之所，也作为自己的大本营，还在主殿中供奉着自己家族祖先的灵牌。西秦会馆平时用于商务，年节时还过会三天，邀请当地政界、商界人士及士绅赴宴、观会，热闹非凡。

因会馆的建筑格局和形制与一般寺观庙宇基本相同，且红粉涂墙，故本地人称其为"红庙子"。

西秦会馆无疑是龚滩最高大最宏伟的建筑，其规模和气派首屈一指，在周围的民居群落中，颇有鹤立鸡群之势。它也最具明显的外来建筑风格。石砌的大门，门柱石刻雕花，四周围以封火墙，与徽商的宗庙祠堂有诸多近似之处。只是需爬一坡高高的石阶由街心直登入院内。爬石梯坎而"升堂入室"，这也是龚滩所有较大型的

西秦会馆的正殿　较为讲究的装饰和制作，与川主庙的"蛮风"形成了一种有趣的对照。

第三章　万古干栏　武陵幽居　107

公共建筑的共同特征。川主庙、三抚庙、董家祠堂等概莫能外。独秦良玉故居（三教寺）反其道而行之，下石坡而直奔"堂奥"。这皆因龚滩所处的山地自然环境使然。这在外地尤其是平坝地区是难于见到的。这些建筑因势利导而建成，这本身就体现了设计者的一种营造理念。在"谋篇布局"之中，既考虑到了适应山地自然环境，也注入了巧妙的构思。西秦会馆为一进院落，坐东面西，四合高墙。内设西向正殿三间，南北两侧有二层木楼，西侧为东向的戏楼及耳房，大门石阶即从戏楼下穿过。戏楼为建筑的核心部分，既有雕刻装饰，又不失古拙情致，筒瓦覆顶，檐牙高啄。院内地面均以石板铺就，四围遍植花草。当年，西秦会馆是龚滩最豪华的建筑，有如当今银行大厦在城市中所占据的地位。

张朋九的生意越做越大，其后继之人不仅经营盐业，还经营起了供出口的桐油、生漆、茶叶以及桢子、山货等，成为龚滩的一大巨商，名震川鄂湘黔边区。

然而，随着时间的推移，随着政治经济形势的变化，陕西帮商人最终还是撤出了龚滩，西秦会馆便成为了公共建筑。民国时期，红庙子（当时已习称红庙子）为国民政府财政部川康区盐务总局龚滩支局所在地，后又成为区公所驻地。解放后，新政权的区公所继续驻红庙子。

西秦会馆到如今尽管已物是人非，透露出一派衰败萧条的景象，但仍未失去原有宏大挺拔的气派。尤其是大门那一堵高大宽阔的墙面，仍然宣示着它的不凡和高傲。从龚滩这个坡度达60度的陡峭环境中，从毫不遵守"建筑规范"的老街，仰面登上这四面合围规规矩矩的馆所，无疑会让人生出一种庄严肃穆的感觉。视觉空间对人类心理的影响，在这里得到了一个最好的诠释。置身其中，仿佛仍能看到当年陕西帮商贾云集的热闹景象，那戏台上仿佛仍敲击着急促的川剧锣鼓，震荡着粗豪的秦腔吼唱。

## 签门口 "永定成规"

签门口在龚滩算一景，但却没有什么值得夸耀的景致。它不过就是凤凰山崩塌下来的一堆巨石，垒在邓家岩旁乌江岸边，巨石耸立如门，其间可通行人，如此而已。

别看这个狭窄而凹凸不平的小小通道，其间却浸透了脚力背夫艰难的汗水和辛酸的血泪。那是昔日从龚滩下游码头人力搬运盐包去上游码头的必经之路，也是上下码头的分界点。旁边一个并不宽广的缓坡，就是堆码盐包的盐场。

为了加强盐政管理，清政府当局在签门口设立了关卡。凡背抬盐包者，必过此关卡领取竹签子，一包一签。竹签子的多寡表明各个人搬运数量的多少，而又据此给予相应的报酬。若无竹签者，老龚滩口上游码头则认为非法而拒收。签门口的名称即由此而来。

因"背老二"的血汗被无情地压榨和盘剥，历史上也曾发生过反抗，甚至出现过哄抢盐巴的事件。当局为了严加控制，便于光绪年间镌刻了"永定成规"石碑，镶嵌在现"火烧坝子"东侧的路边古堡坎内，以示众人。石碑现在虽剥蚀严重，但其内容还隐约能辨。无非是有关背抬盐包的各种规章制度，还详细地规定了背抬每

图上的巨石处即为签门口，图中央较为平敞的地方，就是堆码盐包的盐场。下端的小路是后来所建的简易公路——抗战盘滩驿道。

签门口近景　昔日,"背老二""盐杠子"就是沿这个蜿蜒于巨石缝中的石板小路背抬盐包的。

包盐袋应得的报酬等。碑上"禀之慎之立规成毋违持示"的刻文还隐约可见。

脚力背夫们为了能够多挣点血汗钱,往往一人要背上三袋盐,有的还要强背四袋。要知道,一袋盐至少也有百来斤重啊!而他们耳边还不时响起监工把头的呵斥和训骂。可见"背老二"的生活简直就是噩梦!

如今,签门口已经冷落,

镶嵌在古堡坎内的"永定成规"石碑

历史的血痕已经褪尽。然而,"永定成规"碑上那漫漶难辨的字迹仍然在倾诉着龚滩人难以忘怀的经历。

签门口凝结着龚滩人昔日的苦难。

"永定成规"是龚滩繁荣的一笔注脚。

## 阿蓬江"义渡"

古镇向南,渡过阿蓬江,翻山而东,是昔日龚滩通向酉阳直至湘西、鄂西各地的古道,是商旅必经之地。阿蓬江渡口历来为龚滩的强宗大姓冉氏家族世代经营管理。至清末,由居于阿蓬江南岸腰古石的冉茂林、冉光平家负责推渡,过河收费。当时,商业繁荣,客商不断,人员往来频繁,运盐的"背老二"更是络绎不绝。对冉家来说,推渡费自然是一笔巨大的收入,是维持其家道兴旺的财源,岂能轻易放弃。

小镇的渡口难得有官府大员通过,交费过河似乎是天经地义的事,所以冉氏独家经营渡口的状况一直维持到清末。不料,一次成都府一官员的灵柩回原籍安葬,路过龚滩,运至阿蓬江口。冉家见有大生意,便索要巨额船资,双方因此而发生摩擦,甚至大打出手。最后还是由运送灵柩方付高额船资渡河了事。然而事隔不久,成都府便下来一道命令:查龚滩小河渡口,乃古来要津,岂容一家把持敛财,必改设"义渡"以便四方民众,船工薪金由地方筹集支付,不得向民众摊派。官府命令谁敢违抗?于是龚滩地方政府经多方权衡,多次协商,最后决定,渡口费用包括船工薪金由几家大盐号分摊,因为,运盐的"背老二"队伍毕竟是往来

位于龚滩大桥南桥头下崖壁上的"义渡"刻石

龚滩大桥和阿蓬江古渡口 "义渡"二字位于大桥右端基岩上。不难想见,龚滩大桥建成前这里的繁忙景象。本书第二版出版时,该大桥已被拆除。

昔日忙乱喧嚣的古渡口,而今已变得如此平静安然,甚至有些寂寞。

过河的主要人流,如此才将祸事摆平。

　　光绪三十一年,"义渡"正式建立,并在阿蓬江南岸的崖壁上镌刻了斗大的"义渡"二字。此题刻无款,据说"义渡"二字乃本地著名书法家、曾担任过县长的董伯仪的手迹。"义渡"的建立,减轻了百姓的负担,是中国封建社会末期官府难得做成的一件大好事。由私家利益纠纷而起,最后成就了一处造福于民的公益事业,颇有戏剧性，然确是实实在在的史实。

解放后，各大盐号纷纷倒闭或关门，没有了"赞助商"，"义渡"便自然消亡。龚滩的商业兴盛也已成为过去，渡口也随之衰落。1960年龚滩镇成立了"短航小组"，后又合并于川酉船队，继续维持着渡江业务。直至1966年龚滩大桥建成，渡口便被彻底废弃。现在，"义渡"二字的题刻下再也见不到昔日那种商旅往来摩肩接踵的兴旺景象了。唯有"义渡"二字还铭刻着昔日那段令人回味的历史。

## 四方井

四方井本为一天然山泉，水质明净清纯，多少年来一直长流不息，成为了龚滩人的生命之泉。据考，明代中叶，古人便在泉水流出处砌成古井，并就山石之形雕成龙头，使泉水从龙口喷出，流入井内。古井高三尺，宽八尺，以条石垒砌而成。井为四方形，故名。至今已有七百余年的历史。在民间，还听得到当年石达开率领的太平军路过龚滩时为百姓背水的传说。

这山泉是大自然给龚滩人的慷慨赐予。在龚滩镇有自来水之前，它是镇上居民赖以生存的唯一的饮用水源。不过，随着镇规模的扩大，人口的增加，若遇长期干旱少雨，乡民们还得通宵排队取水。据本地老人讲，原接近井口处的石壁上留有一湿滑光亮的凹槽，那便是乡民取水时常年身体摩擦而成。

今日的四方井　那沁人心脾的泉水至今汩汩不绝，泽被着龚滩这座千年古镇。

乡民有人取出泉水，兑进蜂糖或米酒，使之成为一种独特的饮料。它既解渴，又润肺，甜润爽口。此饮法在龚滩曾大为流行，用现在的话说，曾成为一种时尚。不过，随着时间的推移，这种时尚便成为一种传统了。

1966年修通的公路从四方井面前通过。1974年夏，当地政府拆了古井，将其改造为消防、饮用两用水源，砌成九尺高、八尺宽的大水池，接了四个水龙头让乡民取水。四方井被管制起来，原有的古雅情致遭到了破坏，这似乎也有悖于自然赐福于乡民的初衷。天旱少水时，乡民们不得已爬上高高的井沿俯身取水；若泉水充足，又水漫大街，阻断交通。乡民们怨声载道。1986年经侯志和等本镇有识之士提议，并经区政府同意，改建为现在的形状，方便了乡民取水。由罗子南撰文，侯志和题写的对联以大理石镌刻在了古井的两旁。对联曰：

　　七百余年施泽润
　　万千永世献甘泉

至今，古井泉水仍汩汩不绝，继续以甘洌和香纯润泽着龚滩的百姓。

四方井的泉眼　泉水本是从山间石缝中涌出，而现在已改变成了这般模样。

# 川主庙

在古代，一个民族的信仰和愿望，往往反映在他们的庙宇里。人们的信仰和愿望有多么强烈，他们的庙宇就有多么高大和宽敞。庙宇是人们灵魂的寄托之所，是人们愿望的倾吐之地，是人们精神活动的中心。所以龚滩的川主庙自然就建于老街地理位置的中央，这体现了一种中原文化的观念模式。尽管龚滩的地理环境不适宜建设大型庙宇，然人们还是辟出了一块相对宽阔的地方来建了一座并不算大的川主庙。

川主庙的大门和外墙面，颇有点徽派建筑的韵味。

川主庙大门前的牌楼　从老街进入川主庙，要穿过牌楼，爬过一坡高高的石梯坎。川主庙从街心到牌楼，从牌楼到内庭，加上正殿的东南角还有一个通向后山的小门，整个建筑结构空间布局，可以让我们想象当年进行宗教祭祀活动的场景。那肯定是纷乱、拥挤和嘈杂的。

川主庙的正殿梁柱和戏楼　古拙的雕刻、"粗放"的制作，无不透露出一股边地的"蛮"风。

　　川主乃四川本土之神，是李冰的神化。广袤中华大地，川主庙仅四川独有。李冰为战国秦昭王时的蜀郡太守，因修建都江堰而名垂千古。史载其"凿离堆以灌溉诸郡，沃野千里，而无水患"。李冰治水，变水患为水利，造福于民，故被川人神化而奉为"川主"。

　　乌江水急滩险，龚滩尤甚，常有水患。修建川主庙，岁时祭祀，希图借李冰之神力而变水患为水利，这定然是龚滩人建庙的初衷。然本土之神总是敌不过其他"正规"宗教的"正宗"神祇或市俗帝王。故川主庙后来一般都杂糅进了佛道神像或帝王将相等世俗崇拜对象，连本地老百姓也很难讲清它的渊源。

　　龚滩川主庙始建于清道光五年十二月（1825年）。它系砖木结构，门前数十步台阶直通内庭，大门石刻楹联花雕，门柱两边还一度建了双土地菩萨像。龚滩川主庙与中国其他地方的宗教庙宇结构

川主庙大殿墙上镶嵌的清代石碑

大致相同，只是受地形限制而规模不大。它为一进院落结构。中间天井为一个较宽敞的活动空间，是乡民们进行祭祀和举行其他活动的场所。东面为正殿三间，中堂曾供有李冰之子李二郎塑像。至于为何不供李冰而仅供其子，龚滩没有人能说清楚。人们将李二郎神化而称为"二郎神"，终于使信仰的对象变成了另外一个人。后又改供木质刘备雕像，乡民们称其为刘备菩萨。西侧为戏台，楼沿曾有木雕花板，雕有"甘露寺""三英战吕布""煮酒论英雄"等三国故事。可见这边鄙之地乡民信仰的混乱。戏台灰砌筒瓦封顶，翘角风铃，中竖方天画戟，直指苍穹。惜今皆已无存。全庙建筑格局左右对称，四面合围，形成天井。

现在，川主庙仅一座带耳房的戏楼，一个看台（正殿），两旁连厢房也没有。然却并不缺少一种带有原始意味的神秘氛围，这种氛围无疑会激发起乡民心中对神灵的敬畏。产生一种顶礼膜拜的感情，这是川主庙至今犹存的神奇魅力。

川主庙门两侧的双土地像、庙内的帝王神像及神龛香炉等均已荡然无存，然仍未失其粗豪而神秘的氛围。它还因其建筑保存较好，在1951年至1958年间一直作为镇公所的所在地。至今仍是龚滩民众集会、娱乐表演以及进行其他社区活动的中心。

## 秦良玉故居（三教寺）

在龚滩镇的最北端，乌江向右拐弯的地方，江边耸立一突兀的陡崖，崖上曾有一组飞檐翘角的古建筑群。这便是龚滩的一处形胜之地，明末清初著名的土家巾帼英雄秦良玉曾经居住过的地方。

秦良玉本不是龚滩人，其老家在长江边的忠州（现重庆忠县），嫁与石柱宣抚使马千乘为妻。《明史》上说她"饶胆智，善骑射，兼通词翰，仪度娴雅"，可见其是一个文武全才。夫死，秦代统其众。所部操练白木杆长枪，故称"白杆兵"。

明万历四十六年（1618年）后金太祖努尔哈赤以"七大恨"伐明，首先攻下抚顺。天启元年（1621年），辽沈战事告急，明廷征调秦良玉率兵援辽，白杆兵立下战功。同样奉征援辽的永宁土司奢

秦良玉故居外的千年虎皮黄葛树

崇明行至重庆则起兵叛明，拥重庆，攻泸州，陷遵义，并建号大梁。明廷又急调秦良玉率军征讨奢崇明。次年，白杆兵攻重庆，取成都，援贵州，最后彻底平息了"奢乱"。秦良玉以此功而授都督佥事，充总兵官。

崇祯三年（1630年），秦又率军入援京师，"奉诏勤王"，屡立战功。崇祯诏见，赐"彩币羊酒，赋四诗旌其功"。尽管后来白杆兵在与张献忠的交战中不幸损失惨重，但仍未削弱秦良玉在国人心目中的英名。

在南征北战中，秦良玉曾率军驻扎龚滩。土家人为了纪念她，很好地保留了她居住过的房宇。后来，此地被改建成了三教寺。供奉儒、释、道三教教主塑像于主殿正堂，香火极为旺盛。而现在，此地又成为了龚滩水文站的所在。

尽管此地已人去楼空，建筑也面目全非，但那楼宇中的院坝还保留着，长期因袭下来的建筑格局还没有多大变化，其雄踞峡谷咽喉，俯览万古江涛的气势犹存，那崖壁上目睹过秦良玉巾帼风采，庇荫过白杆兵的"千年虎皮黄葛树"仍根深叶茂生机勃勃，这些都还能让我们捕捉到秦良玉故居的悠悠古韵，让人发思古之幽情。

## 第一关　观音阁

中国古代的集镇一般由"市"发展而来，规模都较小，还远远够不上"城池"，所以一般都少有城墙、城门。而古代的龚滩却有一座"城门"——第一关，将关内关外区别开来。严格说来，它是称不上城门的，倒有点像古代小说中描绘的山寨的寨门。

第一关位于老街上街解放街。关门内侧有一硕大的刻石，上镌双钩阴刻楷书"第一关"三字，为明代万历癸丑年李德谷书题。如今在这第一关处，常遇到不少外地人一见到这刻石总会脱口将其呼之为"天下第一关"。这实在是一个天大的误解。它实际上和长城山海关这座真正的"天下第一关"不可同日而语。山海关当时是中国的国门，而龚滩第一关不过是一个寨门。然而别看它规模气势不同于"天下第一关"，但却与之有着同样悠久的历史，也有着同样的功能。尽管它称不上军事设施，却也带有军事防御的性质。昔日的关北为"城"内，关南为郊外，一派荒山野岭。为了防止关外土匪之类不法之徒偷袭关内，镇民们在这山势高峻的锁钥之地用条石垒砌了两层石门，均设有厚大木门，易守难攻。虽不能说"一夫当关，万夫莫开"，若关门一闭，外人也休想进入。现木门已毁，门斗犹存。

第一道门内左侧紧挨门柱曾建有一观音阁。直至解放前，此观音阁一直香火旺盛，无论镇上的人外出还是镇外的人入关，都习惯在此烧上一炷香，祈求观音菩萨的保佑。尤其是相传的农历二月十九观音生日、六月十九观音得道、九月十

第一关刻石

第一关的关门　龚滩老街必须从这里穿过，别无他途。从图中我们便能看到它雄视关外的气势，确是易守难攻。可以说这是老街中最险要的一个地段。左侧巨石朝路的一面便镌刻着"第一关"三个大字。

九观音坐莲的这些日子，更是香火旺盛。而今观音像已无踪影，观音阁也已变成了民居，但因"第一关"的存在而使此处成了龚滩的一处胜迹。

## 镇滩寺　禹王殿

在龚滩镇中街上方，突兀高耸着一巨大的山岩，岩上赫然屹立着两座庙宇，南为镇滩寺，北为禹王殿。二庙实则是一组连为一体的建筑群。它们比肩而立，坐东面西，高高俯视着奔腾咆哮的乌江。需爬一坡高高的石阶，才能登上庙宇。从名称上即可看出，这两座庙宇都与江水有关。大禹，乃上古治水之英雄，禹王殿便是为祭祀大禹，祈求江水平安而建。镇滩寺，顾名思义，镇滩，坐镇山头，以强力镇住滩凶，维护一方之安定。如果说祭祀大禹是施之以文的方式，那么镇住滩凶则是施之以武的方式。一文一武，文武兼施，这一方面说明了滩与水的凶顽与无忌，一方面又体现了龚滩人治滩治水的毅力和决心。

禹王殿为一四合院，其规模要大过镇滩寺。祭祀大禹的庙宇，其他地方也不少，然而镇滩寺却为龚滩所独有。若要论祭祀的规

龚滩小滩子　乌江至此，便被小滩子激起如此狂涛，再往下走，比这更为险恶。看到此种情形，便明白龚滩人修建镇滩寺和禹王殿的必要性和迫切心情了。

模，镇滩寺就大大超过禹王殿了。镇滩寺的祭祀仪式，便是正月初九至十五的玩龙灯。龙是水神，专司风雨雷电。玩龙灯的含义，自然不言而喻。玩龙灯的集结地在镇滩寺，这恐怕不仅仅是为了祈求风调雨顺，五谷丰登，还为了祈求乌江安定，不发水患。于是，镇滩寺最闹热的时候，便是在这新春玩龙灯的季节了。

　　正月初九上灯，也就是龙灯上街。届时，镇上家家户户都要张灯结彩，迎接龙灯的来临。龙灯从镇滩寺出发，要挨家挨户逐一拜年，家家户户都要拜到。龙灯上街，前有招财灯、对子灯、鱼兵虾将灯等开路，以壮行色和声威。龙灯殿后，一路回旋婉转、飞舞翻腾，从镇滩寺舞将下来。

　　龙灯过处，若逢桥梁，要点燃香烛祭拜；若遇水井，龙头则要三拜叩头。所到之处，烟火齐放，鼓乐齐鸣。每到一家，均要致吉祥语，祝福新一年天遂人愿，幸福安康。而主人家则将青枫子、黄豆撒满地面，让舞龙者站立不稳。观龙的人还要向舞龙者喷花，喷出的烟花里，还夹杂着肉皮末，粘到赤裸的身上，那才是名符其实的"巴倒烫"。为防"巴倒烫"，有的舞龙者还得在背上背一个筲箕，还得不停地跳动、翻腾，于是，一条龚滩老街，便成了一条喧腾的龙。

老龚滩时代是龙灯舞到家门口，而新龚滩时代，舞龙则成了一种广场表演。

这样的龙舞一直要玩到十五元宵之夜，方达到高潮。斯夜，那真犹如"东风夜放花千树。……凤箫声动，玉壶光转，一夜鱼龙舞"，被玩了七天七夜的龙，今夜便要下海或升天了，它该到任去担负起兴云播雨的职责。将龙烧掉，便是送龙回海归天。午夜时分，舞龙者举着龙灯，被观众簇拥着，来到乌江边。送龙仪式开始，主持人朗诵起"送龙赞"，然后高声诵道：

> 日吉时良，大地春光。
> 迎龙入市，普扫不祥。
> 元宵已毕，遣送未遑。
> 或归苍海，或上天堂。

随着"送龙完毕，大吉大昌——"的最后一声高呼，枪炮爆竹齐鸣，围观者竞向龙身喷射火筒花，倾洒松香花。舞龙者举着燃烧的火龙，在火与花之间穿梭，作着最后的表演。为了烧尽秽气，纳福迎祥，人们一齐围向火龙，共同将这象征吉瑞的火烧得更猛、更旺。

舞到江边，将龙灯与鱼兵虾将灯一把火烧掉，它们便一齐升天了。舞龙至此便告结束。

烧龙结束，舞龙者一窝蜂从江边攀到镇滩寺，吃团年饭，龚滩人谓之"吃龙肉"。大家兴致未减，拖着疲惫的身体，最后要来个一醉方休。

从正月初九至元宵之夜，镇滩寺是龚滩人关注的中心。初九上灯在镇滩寺，十五"吃龙肉"又回到镇滩寺，龚滩人对镇滩寺有着太多的希冀，来年的顺当、长久的安康、家庭的幸福、人丁的兴旺……都寄托在了镇滩寺。

如今，镇滩寺和禹王殿都已荡然无存，然玩龙灯的古老习俗还是继承了下来。

## 回龙桥　大石磨

在龚滩镇清泉乡场北侧的龙凼溪上，飞跨着一座有一百多年历史的无钉木拱廊桥。桥面宽约 4 米，跨度达 30 米，距水面高约 36 米，未用一粒铁钉，全靠穿斗卯榫，却异常结实牢固。细察，能发现桥顶的横梁上隐约有"清同治辛未十月"的题记。它是一座龚滩

回龙桥

"中华第一石磨" 孤立地看石磨，不能见其大，若以旁边的龙凼溪作参照，方能显其硕大无朋。

地区的风雨桥。从功能上看，它和侗乡的风雨桥没什么区别。其桥墩内侧以木料架成拱形以作支撑，尤其显示了桥梁设计和建造者的匠心。

回龙桥下龙凼溪两侧均有一硕大的石磨，其北侧一副，直径居然近三米，号称"中华第一石磨"。据说，石磨以前是靠龙凼溪水作动力转动的，其制作年代尚不可考，乡民们说它至少也有一百多年的历史了。

## 三抚庙

建于清代,为祭祀酉阳土司冉守忠(酉阳人奉冉守忠为酉阳土司之宗)以及同样有德于民的思、播二州早先的田土司、杨土司而建,三位土司均官宣抚使,故称三抚庙。建筑为四合小院,庙内土司塑像已无存,唯支撑正殿的十二根合抱粗的立柱还一如先前般巍然而立。

思、播二州土司之治所均在贵州境内,播州杨土司治所更是远至今遵义市。此二州土司的祭祀之庙均建在龚滩,可见昔日龚滩在贵州北部地区也享有较高的声望。现在,三抚庙已改建成为居民住宅。

从三抚庙大门望出去,能看见乌江的碧绿。

## 三　龚滩人家

### 冉、罗二姓

　　现在的龚滩人口不多，至 2000 年底，全镇人口将近六千八百人，而镇上非农业人口三千三百多人，也仅抵得上 20 世纪 40 年代"背老二"人口的一半。以前，龚滩镇上只有龚、游、翁、陆等五个姓。现还留有陆家塘、翁家坟等旧地名。随着龚滩经济的繁荣，外来人口大量迁入，外姓骤然增多。至上世纪 40 年代已有几十个姓。据 20 世纪 60 年代统计，龚滩的姓氏已达 104 个。自然，现在已是大大多于这个数字了。

傍江而建的龚滩民居　从上往下看，这似乎都是些低矮的平房，然而你若从江边往上望，就能发现，这都是些好几层高的楼房呢。

在这众多的姓氏中，冉、罗二姓堪称龚滩的大姓。昔日有民谣说："上街莫打冉，打冉下不得坎，下街莫打罗，打罗下不了河。"龚滩分上街、中街、下街，相当于现在的一村、二村、三村。昔日，上街冉姓等有权势的人多，而下街则是"盐杠子""背老二"居多，故有此说。随着时间的推移，此民谣渐渐互文见义，那意思已演变成在街上你是不敢惹冉、罗二姓之人的，否则，你可走不了路。

罗姓的先人大多是无产者，没有权势，散居于龚滩周围的农村。龚滩经济繁荣的年代，罗姓人大量涌入龚滩镇，充当"盐杠子""背老二"。现在的罗姓人家，多为他们的后代。至今，龚滩镇下游的银滩、小银村等地仍以罗姓人家居多。

其实，龚滩人口最多，势力最强的当属冉姓。因为，自南宋建炎三年，酉阳寨主冉守忠因平定金头和尚起义有功而被朝廷授御前兵马使起，冉氏便一直为酉阳之主。元延祐元年酉阳改为宣慰司，

上游码头大河渡口岸边的"古渡客栈"

上街冉家院子吊脚楼

建立起土司制度，土司世袭，直至清雍正十三年改土归流，历任土司皆为冉姓。自南宋初御前兵马使冉守忠至清末代土司冉元龄，共传二十四世28人。尽管乾隆元年新皇帝登基，为巩固其统治，朝廷迁冉土司全家于浙江仁和县，然数百年来，冉姓旁枝蔓衍，盘根错节，其势力在民间并未消减。至清末民初，龚滩的团总还由冉氏担任，冉氏把持着龚滩的军政大权。

冉姓分高粱冉、疙兜冉、外来冉。高粱冉为正宗，土司一系便出自高粱冉。疙兜冉为平民。外来冉为他姓攀附而改姓冉的。土司时代，土司总揽了辖地的政治、军事、经济、文化等社会生活的方方面面，具有至高无上的权力，甚至对他姓享有初夜权。许多他姓之人改姓冉，很大程度上便是为了逃避土司的初夜权。所以外来冉姓人口急剧膨胀，使冉姓成了酉阳以及龚滩的第一大姓。

## 杨家行

杨家行雄踞于二河坝码头正上方的山坡上，俯视着乌江的奔流和码头的繁忙，成为龚滩昔日商业繁荣的标志，也是龚滩盛衰的历史见证。

杨家的先祖于明末清初由江西临江府迁徙而来，定居于此，修建了带有封火墙而又主要为木质结构的住房。显然，封火墙是他们江西老家的建筑传统，而开放性的临江带有"耍子"的木构楼房则是巴地的本土风格。杨家的住房是两地建筑风格融合得

杨家行老楼　那独具特色的建筑风格，几乎使它成为了龚滩的标志性建筑。

较为成功的范例。当然那时还不叫杨家行。

原建筑毁于清末大洪水。清宣统元年，杨芝田重建，将原屋基抬高了 4.5 尺，但仍保持了先前的建筑风格。主楼面街二层，面江三层，南侧依山势而下错一层，这恐怕也是江西建筑所难于见到的。

杨家为书香门第，世代不废诵读，这又是江西人传统的"耕读传家"的乡村价值取向和社会思潮使然。然迁至龚滩后，杨家几代人都未求功名。这或许和龚滩当时因商品经济萌动而波及思想领域和社会时尚有关。杨家的"秀才"杨芝田还曾外出赴川南自流井任塾师教书，回龚滩后还经过商，本书开篇所引蛮王洞崖壁上的七绝诗即为杨芝田所题。

清末民初，龚滩经济日渐繁荣，外地客商大量涌入，杨家便将房屋租赁给了外地商人。外地商人据此经营起了大宗的盐业生意。陕西、山西的商人常聚集于此，洽谈商务。这便是民国年间声名远播的"大业盐号"。它从四川自流井购进大量食盐，然后批发至川

杨家行老楼的北端，建起了一座全新的古式廊亭，是品茗观景的绝佳去处。

此图右为转角店，左为半边仓。这夹巷而建，呈"之"字形方拐的两栋木构房皆为昔日大业盐号（杨家行）的盐仓。转角店为吊脚楼，一半实地，一半悬空，体现了山地民居建筑的典型特征。半边仓则因屋顶为"一坡水"而得名。此二楼为罗姓人家建于清末，故先前称为罗家店，民国三十二年因毁于大火而重建。

鄂湘黔边区各地。大业盐号后又为官僚资本所控制，连当时的国民政府财政部长宋子文在其中也有股份。依仗这个权势，杨家行的生意，在龚滩镇算经营得最好的几家之一。著名的转角店、半边仓等都是当年大业盐号经营和屯集食盐的仓库。杨家行的名称便是这时叫响的。

解放后的二三十年，国营的龚滩粮油转运组还设于杨家行老建筑内。主要负责将秀山、酉阳两县的粮食转运到涪陵，再经由涪陵外运。

商业繁荣的消逝让杨家行沉寂了数十年。现在，旅游业悄然兴起，杨家又在老建筑北边的空地上加修了一个可以让游人休息品茗，凭栏眺望乌江美景的古朴的廊亭，屋檐下又高高悬起了"老盐局客栈"的旗招，招揽着游客的生意。

## 夏家院子和龚滩民谣

在龚滩，流行着一首尽人皆知的民谣："陈家湾烟雾沉沉，郑家门前鲤鱼跃龙门，黄葛树上出妖怪，夏家院子出美人。"这民谣道出了龚滩老街陈家湾一带昔日那阴惨昏沉而又别有洞天的景象。陈家湾即夏家院子坡下老街周围一带，紧邻第一关。那里曾是龚滩商铺最集中的地区，也是附近乡下来的苦力背夫们聚集的地方，颇有点类似现代城市中城乡接合部的情形。烟熏火燎，脏乱不堪，故有"烟雾沉沉"之说。老街临江一侧的峭壁上曾生长有一棵巨大的古黄葛树，比现存的龚滩标志性黄葛树还要古老，还要粗壮。其树枝一侧伸向老街，弯曲如门，而对面堡坎内隐有一巨石形如鲤鱼腾跃，因这棵古黄葛树年岁太大，树身上常爬满毛虫，树梢又不时发出嘘嘘声响，让人不寒而栗，故人们认为树上有妖怪作祟。然而在这令人毛骨悚然的地方向坡上爬几十步石阶，则是另一番景象："夏家院子出美人"。

夏家院子位于一个"风水"极好的地方，它背依一突兀的山崖，山崖上便挺立着那棵龚滩的标志性古黄葛树，它直接享受着这棵古黄葛树的庇佑。严格说来，夏家院子并非是一个四面合围的真正的院子，而只能算半个院。然而它妙就妙在这半个上。它的建筑平面为"一正二横"，北端一横实则为带阁楼的朝门。临江的一面是全开放的，高高的堡坎起到了围墙的作用，凭着低矮的石栏，便

夏家院子的院坝

夏家院子大门上的匾额

可饱览古镇风光和一江秀色。它是龚滩"院子"的典型代表，是民居建筑与自然环境巧妙融合的典范。

夏家院子的正房门额上原有匾额题曰"慈孝"。慈孝者，父母慈爱，子女孝顺也。这，既是夏家祖辈的愿望，也是夏家今世的现实。由此足见夏家是一个深受儒家文化浸润的家庭，有着符合中国伦理道德观念的传统。毕竟，夏家祖辈是从有着深厚儒家文化传统的江西迁徙而来的。那"夏家院子出美人"一语，已暗示着夏家为一大户人家，地望甚高。匾额落款为"道光十八年建"，证明这楼也有近两百年的历史了。可惜此匾现已不存，三十多年前被作为"四旧"而毁掉了。

几乎在"慈孝"之匾被毁的同时，也就是龚滩成立"革委会"的那天，江边崖壁上那棵"出妖怪"的古黄葛树也轰然倒下江去，寿终正寝。此后，再也听不到说有妖怪出没。而今，换了人间，"背老二"已经消失了，陈家湾再也不"烟雾沉沉"，鳞次栉比的吊脚楼掩映于山光水色之中，呈现出一派幽静野逸的田园风光。老街的青石板小路如明镜般锃亮，不时闪现而过的，是旅游者的身影。

夏家院子的朝门

夏家院子的旁屋

## 蟠龙楼　织女楼

陈家湾还聚集着众多古老的木构吊脚楼，蟠龙楼和织女楼便是其中的代表。蟠龙楼在龚滩算是一组规模较大的建筑群，是一排普通居民住宅。那棵曾以"出妖怪"而著称的黄葛树便紧挨其北端的屋基。蟠龙楼在峭壁上一溜排开，临街的一面极为平常，毫无奇特之处，然而当你绕到它的背面，从江边朝上望，便会发现它的真相。临街的两层楼房，后面陡然增加了数倍的高度。临江下落一层，下面是两层楼高的支脚，而其下的堡坎则是在约莫七十来度的坡地上砌起来的，那细长而稀疏的杉木吊脚，危危地支撑着并不轻巧的木楼，奇迹般地度过了将近两百年的历史。在楼房的一转角处，有一棵枯死的古树桩，它也成了蟠龙楼的支脚，有横梁直接以它为柱，或为依托。借树桩为建筑支脚，泱泱华夏恐怕绝无仅有。因此，蟠龙楼便成了龚滩的一大景观。

关于这根枯树桩，还有一个神奇的传说，当地的百姓曾认为，它是当年李二郎为治理乌江水害而在常出没于江中作祟的恶龙头上扎下的神针，其功能有如大禹治水时"制铁以定海眼"的"定海铁柱"。有了它，恶龙被制伏了，乌江再也不像以前那样肆意泛滥，依这"镇龙神针"而建的吊脚楼，借助于这根神针的保佑，至今风雨不动安如山。因此有了蟠龙楼的美名。神话归神话，然创作这个神话，却表明了龚滩人对平安祥和生活的希冀和向往。

如果说，蟠龙楼关于"镇龙神针"的故事纯系虚构传说，那么，织女楼的故事则绝对具有真实性。

尽管龚滩多少年来就已成"镇"，不像山寨那般家家有织机，户户出织锦，但龚滩家庭仍保留了土家姑娘善织布织锦的传统。一百五十多年前，一位善织布织锦的姑娘，常年在崖边这栋普通的民居吊脚楼中靠一部织机辛勤劳作。而所织之布、锦皆有着极高的声誉，受到远近百姓的喜爱，织女楼的名称便因此而名闻遐迩。

土家土布和土家织锦有着悠久的历史。秦汉时，川东一带的土家先民织出一种精工细布，史称"賨布"，极负盛名。宋时产于溪峒一带的"溪布""峒锦"已是"土酋"向朝廷纳贡的名品。清至近

从乌江对岸看到的蟠龙楼比街面看到的二层楼房陡然增高了三层。

织女楼临街一侧

清代刺绣——八仙图 它以中国画为蓝本，再现了原作的神韵，这充分体现了苗族和土家姑娘高超的刺绣技艺。本书第二版出版时，"苗族刺绣"已经列为了重庆市级非物质文化遗产项目。

织女楼北侧 "雨耍子"有幸保留了下来。这危楼，这耍子，还有那一江秋水，是不是还让人联想起"妆楼颙望，误几回，天际识归舟"的柳词来呢？这种古典意象，投射到织女楼上，织女楼便情态化了，诗化了。

第三章 万古干栏 武陵幽居 137

代，具有土家特色的"土花铺盖"（土家人叫"西兰卡普"）更是受到土家人民的普遍喜爱。它实际上就是一种织锦，以三块彩织联缀而成，构成整幅图案。土花铺盖的图案有一百多个品种，清代有《竹枝词》就咏过"西兰卡普"："凤采牡丹不为巧，八团芍药花盈盈。"民间习俗，结婚时，姑娘必须有亲手织成的土花铺盖作嫁妆，否则会遭左邻右舍的白眼。土家姑娘历来以勤劳为尊，以手巧为荣。土家择媳，也看重勤劳朴实，心灵手巧。龚滩有民歌这样唱道："白布帕子四只角，四只角上绣雁鹅；帕子烂了雁鹅在，不看人材看手脚。""西兰卡普"作为土家传统手工艺品，其制作工艺有四十八钩、二十四钩、双八钩、单八钩等，而织女楼的这位姑娘是样样精通，无所不能，所以备受龚滩人的推崇和怜爱。物以人名，"织女楼"的名称便长期流传了下来。

## 鸳鸯楼

  鸳鸯楼这个名称初听起来让人觉得是幸福伴侣舒适温馨的安乐窝，其实不然。相反，它却是爱情悲剧的结果，它的修建是男女主人公为弥补失去的爱而毅然采取的惊世骇俗的举动。

  那是一百多年前的事了。本镇游家的儿子和梅家的女儿从小青梅竹马，结下情谊并私订了终身。他们的爱是世界上最纯洁最真挚最深沉最无功利色彩的爱。游家的小伙既非官宦之家的公子，也非腰缠万贯的大款，既没有继承祖上的家业，也没有在生意场上发一笔横财，反而因为自幼家贫而没有喝上多少墨水。他唯一值得夸耀的只是强壮的体魄和吃苦耐劳的精神。从传统的道德观念和习俗来看，他没有任何值得作为小家碧玉的梅姑娘爱的理由。然而对梅姑娘来说，爱不需要理由，爱本身就是理由，她爱他，他也爱她，这就够了。所以，一切媒妁之言甚至父母之命都未能动摇梅姑娘的芳心。

  尽管如此，但还是像一首土家民歌唱的："老天无眼它拆桥，鸳鸯失伴飞云霄，泪似乌江长流水，小船失舵随浪漂。"他们被漂到了天各一方。然而思念从未中断，四野茫茫中一条看不见的

凝结着深深爱意的鸳鸯楼 深褐色的木构老楼和它身旁破碎了的红色记忆让我们看到了历史镜像中交织着的双重真实——行动的真实和观念的真实。也许,那破碎了的地方碰巧曾是那一句话:"世上决没有无缘无故的爱……"这道出了男女之间的宿命。说不清游梅二人是不是无缘无故,然而他们毕竟是相爱了,而且要爱到海枯石烂,地老天荒。俗话说,爱使人年轻,的确如此,尤其是与命运抗争得来的爱。不信请看,那象征爱的老屋,身躯上尽管涂满了时间的色彩,然而它的面容上却分明显露出战胜了宿命后的青春与幸福。

"丝"始终将他们联系在一起。哪怕是后来各执家业,靠辛勤劳作而摆脱了贫困,走向了小康,思念却越来越浓。他们不愿意在这种痛苦的煎熬中度过余生,更不愿意在虚无缥缈的来世去寻找安慰,他们一定要在今生今世本乡本土的现实生活中实现那最初的愿望。于是他们便在老街一处临街的地方紧挨着各修了一栋楼。二楼并置,相依相偎,地基相连,榫卯互通。一榫一卯,一石一瓦,都蕴含着深沉的爱。穿斗房犹如连理枝,那是他们爱的象征,也是他们爱的结晶。尽管他们终未成眷属,但有情人毕竟在失落中寻回了理想,找到了寄托,在灵魂中达至了永恒。

经过了一百多年的岁月,这种惊世骇俗的举动终于得到了乡民们的理解和认同。于是"鸳鸯楼"的故事和名称便随之流传开来,成为了龚滩人津津乐道的话题。

# 董家祠堂　董家院子

董家在龚滩也为一大户，尽管董姓人口历来就不算多，然官宦之家，自然有不小的势力、极高的声望。在龚滩，建有如此规模家族祠堂的，也仅此董姓一家而已。董家乃世代书香，据传祖上为一名医，医德高尚，医术精湛，远近闻名。家族中不少人曾任过级别不高但权力颇大的地方官吏。龚滩人所熟知的有两位，一是清末光绪、宣统年间，龚滩巡检司衙门的大老爷董国钧，人称董大老爷。那可是当时龚滩的最高行政长官。二是出任过四川雅安县县长的董伯仪。此人还是一位颇具声誉的书法家。那镌刻在阿蓬江渡口江岸崖壁上的"义渡"二字，便是此人的手迹。董伯仪告老还乡后，便一直住在董家院子。董家院

董家祠堂（上）　曾为龚滩镇敬老院。

董家院子（下）　曾为区公所的所在地。

董家祠堂和董家院子二楼的廊道栏杆都饰有"卍"字图案。"卍"，被"音之为万，谓吉祥万德之所集也"。而像董家用于装饰的这种"卍"字，四端伸出，民间称其为长脚万字，寓意富贵绵长无止境。

董家祠堂　看这气派，颇有点深宅大院的感觉，这说明董家不仅善于治产居积，还深谙积蓄理财之术。

董家院子

子至今存有一匾额,上书"光前裕后"四字,为民国初年亲朋族友所赠。由此也可看出龚滩的董家在整个董姓家族中的地位和声望。

董家祠堂和董家院子迄今都有一百多年的历史。董家祠堂位于老街中心位置,与川主庙仅一墙之隔,大门与川主庙并列,墙面与川主庙联成一幅。宗族祠堂敢与四川的地方神庙比肩,且能得到乡民认可,那地位可非同一般。其建筑格局也与川主庙相仿,只是因功能不同而未设戏楼,同样为一进院落,同样要登几十步台阶进堂,石阶也是直进中庭。院落内部一派干栏木质结构,南北东三面为二层木楼,并绕以回廊。西面为正厅,粗大的红漆木柱支撑起宽阔的空间,这便是供奉历代董氏先人牌位的地方。董家祠堂为董姓家族族会族祀的主要场所。远近董姓人过世后,灵牌皆要移送于此供奉。据说迎接灵牌时,仪式甚为隆重,族人簇拥,儿孙跪拜,香烟缭绕,鼓乐齐鸣。每次祭祀仪式,总会给沉寂的小镇带来一阵骚动,带来一番喧腾,带给乡民们一个长时间议论的话题。

董家院子距祠堂尚有一里左右的路程,位于镇南端红庙子的正上方。严格说来,它也不是一个方正规矩的院子,建筑平面也仅是一正一横,然而其所占的面积和体现出来的气派在龚滩的民居建筑中也是屈指可数的。将近两百年了,院子边上那棵被祖上名医妙手治愈的疑难症患者为报恩而种下的老桂树都已凋零枯萎,但老木构房却依然完好如初。当然，面目上也不免留下了它历经岁月沧桑的痕迹。至 20 世纪 90 年代中期，它还一直是区公委的所在地。

"旧时王谢堂前燕，飞入寻常百姓家。"如今，百年老宅董家院子已物是人非，成为了居民用房。而煊赫一时的董家祠堂也已失去了往日的威严和庄重，变成了龚滩镇的福利设施——敬老院，安宁而又祥和。

## 周家院子

周家院子建成迄今已有二百多年。可以看到，其临江一面是全

周家院子的正屋

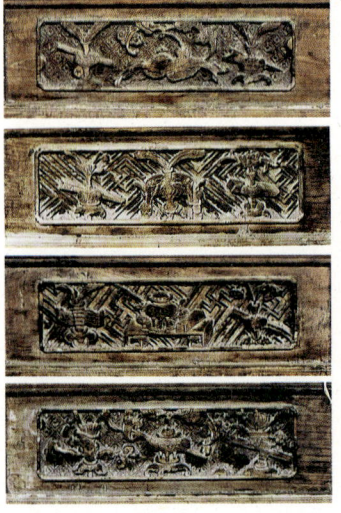

周家院子的门窗雕刻　这种建筑装饰是一种寄情之物。各种传统吉祥符号组成的图案，体现了主人的美好愿望，也使周家院子具有了一种文化容量，显示出了它的民间世俗文化的特征。如此完美的门窗雕刻在龚滩并不多见。

周家院子建有阁楼和廊道的朝门内、外（上）
居高临下的周家院子（下）

第三章 万古干栏 武陵幽居 143

敞开的。既无四合院的"合",也无土围子的"围",所以它说不上是真正意义上的院子。这种形制是龚滩的院子普遍采用的。

## 冉家院子

据院主人说,此院子已有三百多年的历史,它四周封闭,龚滩镇上难得找到这种名符其实的院子。进入其中,颇有置身徽派民居的感觉。然而其与徽派民居却有着本质的不同,它临街的一面是开放的,楼上廊道伸向街面,楼下全为活动门板,拆下门板就是宽敞的铺面。冉家院子是徽派建筑风格和本土建筑风格融合的典范。

冉家院子的大门　从中可以看到外来建筑风格的影响。

冉家院子临街的门面　这是地道的龚滩建筑风格，如果换在徽州，它应该是一堵"五岳朝天"的高墙。楼上廊道栏杆所饰的吉祥图案是龚滩富贵人家建筑普遍采用的装饰形式。

冉家院子的天井　进入冉家院子的天井，又恍若置身于徽派民居或江南水乡民居之中。

第三章　万古干栏　武陵幽居

斜晖脉脉　小巷悠悠

危岩上的吊脚楼

## 龚滩活字典——罗子南

罗子南先生出生于龚滩镇的一个小商贩家庭，父亲略通文墨，是子南的启蒙老师。子南自幼聪颖好学，12岁念完高小，尽管参加酉阳的升学考试获前四名的优异成绩，却因种种原因未能继续就读，而完全靠勤勉自学，不懈追求，最终成为了一个满腹文史诗书的饱学之士。

罗子南先生像（采自罗子南家庭影集）

早年的子南先生本想走一条传统旧式文人的道路，其治学方式也大抵符合这个路子，但国际战争风云和国内政治形势改变了他。抗日战争爆发后，龚滩云集不少从沦陷区流亡而来的知识分子和进步学生。他们带来了科学、民主的新观念和抗日救亡的进步思想，对子南产生了深刻的影响，促成了子南世界观的转变。

1940年，年仅23岁的子南倡导创立了"滩涛歌咏社"，创作了不少配合时事政治，呼唤全民抗战的诗词歌赋；1941年又成立了"龚滩青年歌剧团"，自编自演了不少进步剧目。他自己编写并主演的话剧和歌剧《最后一封信》《姊妹英雄》《醋毒》在龚滩连演数十

罗子南先生接受记者采访。（采自罗子南家庭影集）

场，场场爆满，极大地鼓舞了后方人民的抗日激情。子南年轻时便被时政推到了文坛第一线，成了龚滩宣传抗日救国的一员干将。

　　子南善写旧体诗词，或咏山川胜迹，或歌土家风物，或抒爱国情怀。笔锋苍劲，才思敏捷，挥毫成章，落墨成诗。其诗作装订成册，竟有一尺厚。子南一首七言诗，自题为《龚滩庙宇顺口溜》，洋洋数百言，历数龚滩人文胜迹，历史渊源，让我们了解到龚滩老街的数十处历史文化遗迹。字里行间，儒雅中透露出乡野的质朴，充溢着子南先生浓浓的桑梓之情。

**独具乡土风情的子南茶座**

　　子南先生还是书写对联的高手。镇上的人无论逢年过节、婚丧嫁娶还是生日喜庆，总爱找子南先生题写对联。至今，他撰写的对联已达三千多副，且副副对仗工整，韵味悠长，不少堪称绝妙佳对。

　　子南先生被镇上的人称为"龚滩活字典"，不仅因其博闻强记，识字众多，还因其具有较为深厚的国学功底以及对龚滩、酉阳乃至整个土家地区的历史掌故和风土人情的深刻理解和独到见解。龚滩区志、酉阳县志和各类文史资料集都采用了不少子南先生提供和撰写的材料。

晚年的子南先生生活恬静闲适。每日品茗吟诗，撰写文史资料，其乐融融。拜读子南先生的作品，我们看到了一个身居僻远古镇的乡野知识分子的形象。子南先生虽以84岁高龄于2001年谢世，然其故居的门额上悬起了"子南茶座"的匾额，常常门庭若市。他那有关龚滩乃至酉阳地区古今历史传闻的文章，那描绘地方风物抒写故乡情怀的诗词以及构思奇特的征联和妙趣横生的谜语仍深深地吸引着过往行人和旅游者。不少文人墨客、画家、摄影师甚至海外游客至此，还专门造访"子南茶座"，欣赏子南的佳作，了解龚滩的掌故，并留下墨宝赠言，使其更具翰墨情韵。如今，"子南茶座"已成了游客的必到之地。

## 古镇隐者

龚滩，地处武陵深处，自古就是一个潜藏隐逸者的绝佳之地。武陵山中那山、那水、那小径、那木构老屋以及那屋里的主人，都无不带有一种隐秘的情致。难怪，陶渊明也会钟情于其中。

龚滩镇上有一老者侯志和，便是这山中一个颇具隐逸情调的"桃花源中人"。生于武陵山中，便免不了染上桃源色彩。尽管侯志和一生也从事过社会工作，然其骨子里却是一个隐逸者。昔日人称"侯

读书，对侯志和来说是一种生活方式。

侯志和题写的对联

家小姐",便是就其不擅社交而言,仿佛小姐总藏匿于深闺之中。

侯志和具有中国传统文人的显著特征,温文尔雅,清逸高洁。又具有土家民族的典型性格,淳厚质朴,率直真诚。他有自己的精神天地,"不戚戚于贫贱,不汲汲于富贵"。他有自己的价值准绳,刻苦耐劳,勤俭持家。他的这种平民文化人的德行,源自于三秦移民与武陵土风的融合。

侯家本系世代书香,祖籍陕西西安府三元县。祖上是作为奉诏剿灭金头和尚起义的官军进入武陵山区的。侯氏家族是秦人的后代,是从华夏文明的孕育之地八百里秦川撞入这榛莽初开的"蛮夷之地"的。龚滩的侯氏家族是两种异质文化和两个不同民族自然交融的结果。这一点使侯家在龚滩具有一种异乎寻常的色彩。

昔日,侯氏宗祠有这样一副对联,说明了其宗族文脉的久远:"唐朝世族诗书第史显遐裔家声远;文风堂上礼义家上谷名宗世泽长。"然而就是这样一个诗礼之家,至近代却由于火灾和盗匪而逐渐走向衰落,沦为一个普通的平民家庭。吊脚楼是易于着火的,蛮夷之地的土匪更是声名远播。或许,侯家的衰落正是完成这种文化组合的符合逻辑的必然结果。

侯志和出生于军阀混战的年代。受家风熏陶,六岁便开始进私塾,读诗书,从小养成了读书的习惯。及长,经史百家,广泛涉猎,于是,对华夏文明沉浸益深。对侯志和来说,读书是一种生活。读书陪伴了他一生,造就了他的文化人格。儒家的克己、墨家的兼爱、道家的达观乃至佛家的慈悲,诸学杂糅,集于一身,构成了一种在现代这个物欲横流的世界中难得一寻的超逸人格。

侯志和珍藏的部分古玩和古书

传统文人的必修课中最重要的一项便是书法,侯志和更是精于此道。他过硬的毛笔功夫是靠勤勉得来的。少时家贫,侯曾自制一七尺长四尺宽能反复使用的黑板,代替昂贵的宣纸

第三章 万古干栏 武陵幽居

练字，以红土临帖。他从颜字入手，兼及各家，故其书作在壮硕中透露出古雅。在书法中，他也获得了"志于道，据于德，依于仁，游于艺"的人生理想。

侯志和还将几乎中断了的家族传统延续了下来，这便是收藏。他藏有古今图书数千册，以及繁多的名人字画、古董清玩、钱币邮票，这些也成为了他沉醉其中陶冶心性的一方天地。

养花种草也是他的至爱。他精心营造了一方"后花园"，创造了一个生态小环境，使自己的生活空间完全融于自然之中。"三间茅屋，十里春风，窗里幽兰，窗外修竹，此是何等雅趣。"历代文人雅士的梦想，在侯家是一个真真切切的现实。

"圣代无隐者。"如今，隐逸者不再隐逸，昔日的"侯家小姐"迈出了家门。赋闲在家的侯志和热情地为地方志撰写材料，为拜访者提供咨询。他那充溢着翰墨情韵的家也成了远道而来的文人雅士聚集的地方。

## 最后的纤夫

拉纤，如今几乎已成为了历史，哪怕是在最危险最艰难的河道。然而拉纤这艰辛历史的见证人却依然活着，这，便是龚滩最后一代纤夫的代表——冉启才。

冉启才出生于"西安事变"的那一年，这是民族危难的时刻，一个动荡的年代。当他刚牙牙学语时，日本人便发动了"七七事变"。冉启才在战乱和贫困中度过了童年，没有读过一天书。日本鬼子投降后，他寄宿于龚滩的川主庙，后又搬出住茅草棚，穷得"连苞谷籽都没有一颗"。是解放军的到来让冉启才获得了新生。他穿

冉启才那饱经风霜的脸上镌刻着纤夫生活的艰辛，那刚毅的神情和古铜色的肌肤又为他增添了几分豪气。

荒凉的江岸边，古老的纤道上，险恶的河滩中，处处留下了冉大爷刚毅的身影。

退休后的冉大爷仍然离不开乌江

上了解放军送给他的黄军装，参加了儿童团，并担任了武装队长。16岁的冉启才，有着过人的胆识，曾押送犯人去酉阳，让酉阳武装部的军人们惊讶不已。

冉启才不仅拉过船，还当过舵工，干过勤杂，搞过轮船机械化，还参加了龚滩大桥的修建，又保桥护路。尽管他换过不少工种，然总是离不开水，离不开乌江，命运总是将他和乌江和船和纤绳联系在一起。拉纤是他人生中一段最重要的历史，也是最惊心动魄的经历。

奔腾咆哮的乌江从贵州高原俯冲而下，恣意放纵着自己的野性，在大娄山和武陵山之间切割出幽深的峡谷，冲刷出险恶的浅滩。斧劈峡、荔枝峡、白芨峡、新滩、土坨子滩、龚滩、羊角滩……那当今旅游者趋之若鹜的"百里乌江画廊""地质公园"却是昔日船工纤夫的炼狱和鬼门关。每一次航行，每一次拉纤，都是生命的赌注。

冉启才16岁便开始拉纤。从涪陵至贵州思南，数百公里的水路，他熟悉每一个险滩、每一段纤道、每一处暗礁、每一个漩涡。纤夫的命运，注定是逆流而上。闯关夺隘，与风浪搏击，与死神格斗，是他每天的"功课"。

过滩，货船须八九只结帮而行，集全体船工纤夫五六十人协力共拉一只船，拉过一只再拉另一只。船老板为了获取并不丰厚的利润，无论载重 20 吨的乌江"歪屁股船"还是长江上借来的"舵笼子"溅水船，一般都要装上三四十吨。艰难时，一天只能拉过一个滩。涪陵至龚滩，龚滩至思南，下水均是两天的路程，上水往往都要拉上个把月。彭水至龚滩、龚滩至沿河，一般也得拉上七八天。若遇洪水，那就难说了，付出成倍的体力和时间不说，没准会搭上性命。若拉一趟"短途"龚滩至沿河，一百七十多里水路，个把星期的时间，每个纤夫就要准备十来双草鞋。吃的更糟，平时是"连渣闹"，也就是青菜煮黄豆浆豆渣之类。若过大滩，才打一顿牙祭，也不过几块巾巾肉而已。而报酬也就是每天一万元（合人民币一元）。

纤夫们长年累月风里来，雨里去，面朝江水背朝天，四肢并用，出生入死。脚底是血泡，手上是老茧，双肩是纤绳锉出的深深血槽。要知道，纤绳是由篾条编成的呀！纤夫是在和命运抗争，和死神搏斗，是在以弱小的群体力量和强大的自然力量作着顽强的较量。这种较量是如此残酷如此惨烈，全然没有现今流行歌曲中唱的"纤绳上荡悠悠"的闲适和浪漫。仅龚滩的落江殒命者，就以两位

2002年除夕之夜，冉启才及家人在家中接受本书著者邓晓茄的采访。（士伏摄）

纤道　在图中乌江对岸的悬崖峭壁上，看得见一条浅浅的凹痕，那便是纤夫拉船时需要攀越的纤道。龚滩的纤道，是在清光绪年间，由官府盐务总局牵头，商民自愿捐资集款开凿的。在无人能至的绝壁上凿出这样的纤道，其艰难可想而知。至今，若遇洪水，纤道还派得上用场。龚滩峡谷中，偶尔还能见到纤夫赤裸的身影，听到纤夫号子的吼唱。

数计。

冉启才，作为最后一代纤夫的代表，便是从这样的噩梦中幸存下来，成为了那段苦难历史的见证人。经历过艰难困苦和生死磨难的洗礼，冉启才练就了钢铁般的意志和强健的体魄。度过了六十八个春秋的冉大爷，至今仍是那样精神矍铄，乐观健康。还热心于各项公益事业，在群众中树立了良好的口碑。龚滩人民也给了他人民代表和优秀党员的崇高荣誉。他那饱经风霜的古铜色脸上，飘动着一把潇洒的美髯。那刚毅的形象和着激越高亢的船夫号子，音像互动，成就黔江电视台的散文电视片《最后的船夫》获得了全国电视散文一等奖。他饰演的主人公水伯，成了重庆人质朴刚健形象的象征。

老龚滩中街曾家坪　层层叠叠夹巷而建的木构老楼烘托出一种浓浓的乡俗气息。

秀水村走马转角楼　这是一个纯木结构的三合小院，三面合围，一面敞开。然其敞开的一面却不是能随便进出的通道，而是一堵高高的堡坎。进出院的通道在侧旁骑楼似的吊脚之下。木楼二三层均绕以大转角"耍子"。下端的底层也留有门道。这种结构的三合院保持了龚滩建筑开放的风格和传统，但用现代都市人的眼光看，似乎又兼顾了家庭生活的隐私需求。真是妙不可言。

吊脚楼上残存的"雨耍子" "雨耍子"（阳台）随着岁月的流失即将消逝，然而其功能却并未丧失，反而更加充实，厨具和盥洗用具一应俱全，连炉灶也搬了上来。这是一个暴露无遗的生活空间。它点缀于小巷的一个隐秘之处，为寂静的老街点上了一笔浓重的充满生活情调的色彩。

清泉乡的骑楼 骑楼是吊脚楼的一种类型，多见于江南水乡和珠江三角洲，在龚滩并不多见。所以它出现在清泉乡便颇具认识价值和研究价值。

秀水村走马转角楼

## 第四章 | 繁华落尽 犹有余香
## FANHUA LUOJIN YOUYOU YUXIANG

一千七百多年了，风云变幻，几经沉浮，一个旧时代终告结束，不修边幅的龚滩又换了新装闪亮登场。传统习俗摇身一变，升格为"非遗"。别说，它高扬的是文化，留住的是乡愁。它还是那样写意，那样洒脱……

新龚滩北端及扩建的文化广场鸟瞰　昔日湍急的浅滩变成了如今平静的湖面，而文化广场则为龚滩人和游客们提供了一个大型集会和活动的场所。

幽幽小巷，袅袅炊烟

新龚滩的小巷如老龚滩一般曲折幽深，只是多了一些时尚点缀。

第四章　繁华落尽　犹有余香　163

利用老旧材料原拆原建的临江吊脚楼，比老龚滩更显雄伟高耸。

# 一　古镇换新装

1

嚷嚷了多年的彭水电站项目终于尘埃落定，工程方案中，老龚滩镇除极少部分新街地段外全部位于水线之下。为保护这个极具历史和文化价值的千年古镇，政府决定将其搬迁到地势较高的小银村重建。笔者在 2000 年初就来这个新址考察过。这里位于老龚滩下游将近两公里处，海拔比老龚滩为高，东依凤凰山和马鞍城，西面

2005 年开工，2008 年正式下闸蓄水的乌江彭水电站及船闸。右侧崖边能见尚存的古纤道。

第四章　繁华落尽　犹有余香

乌江。小银村崖下的乌江段原来也是一个浅滩叫小银滩。现在展现在我们面前的新龚滩，即位于此处。

古镇迁建前，由中华书局主办，国家建设部、国家文物局、中国联合国教科文组织全国委员会协办的《中华遗产》杂志便发表了读者来信《龚滩，还能呼吸多久?》呼吁保护龚滩古镇。《中华遗产》又致电笔者，希望能撰文介绍老龚滩镇的兴衰历程，阐明其历史和文化价值。于是邓晓笳刊发了文章《即将窒息的古镇龚滩》。许多专家学者，包括清华大学建筑学院"一生只为古村落"的陈志华老教授都纷纷致电或写信表示：龚滩古镇蕴含着极其丰富的历史文化遗产，它能把将近1800年前的巴人历史传承延续至今，本身就是一个奇迹。希望决策者三思，考虑其他办法以改变古镇被淹没的命运。

古迹的存留与当地社会经济的发展，鱼与熊掌焉能兼得，唯两害相权取其轻。天平终于倾斜了，"硬道理"占了上风，老龚滩镇将被无情的江水吞没。

一阵密锣紧鼓，一个悠远的时代就此终结。

新龚滩搬迁建成后，笔者怀着探寻故友的心情再次造访。

老友相见，已是二十年过去了。端详着他的面相，不由自主地打开了尘封已久的记忆——比对。坦率地说吧，当我们把龚滩老友的"现在时"和"过去时"作一番对照，不难发现有了诸多的不同和变化。

新龚滩镇仍呈南北走向，坐东面西，依然背靠着凤凰山，只是更靠近了马鞍城。它依旧面对着贵州山那古老而高耸的崖壁，不过举目一望，没有了以前那种面壁而立的惊愕，大山对访客的蔑视

龚滩镇搬迁前的蛮王洞和"惊涛拍岸"刻石，原皆位于半山腰石壁之上，彭水电站大坝修建后，即使枯水期，江水已淹至蛮王洞口，全然没了昔日的气势。原有小道被淹没，蛮王香会的历史被阻断，乡民们已不能攀援至此祭拜凭吊了。

新建的临江吊脚楼，保持了原有的地域特色和风格，体量却比老龚滩时大了许多。自然，室内使用面积也相应扩大了，还增加了生活卫生设施，房主的生活条件也得到了极大改善。

和压迫感被弱化了。

　　一头扎进新古镇小巷，信步踱来，由北而南慢慢观览，细细品鉴……渐渐地，冷不丁会碰到一些似曾相识的老面孔……吔！那不就是杨家行吗？看模样还依然如故呢，只是原来北边的篷廊上增加了一层楼……消防池太平缸也原模原样出现在了眼前，"洋洋得所"四个字仍清晰可见……田氏阁楼也就在前边不远处，连板壁上的红色记忆也一如先前……咳！那不就是半边仓、转角店吗？还真就那么回事，沿堡坎向前，又十来步梯坎登上去，左拐再右拐……咦！盘龙楼怎么换了个位置，它原来不是在第一关附近吗？它那借以用作立柱的老树桩呢？……哦！这就是桥重桥了，于是顺脚迈过去，人说没过桥重桥，不算到过龚滩镇嘛……冉家院子的侧门也亮出了它的门脸，昔日的逼仄小巷中，可是难以正面窥其全貌的呀，现在这个小院子，明确地打出了"土司府"的标识，院内竟成了个袖珍民俗文化博物馆呢……沿石梯上爬，发现签门口火烧坝子的"永定陈规"石碑被迁到这小巷中来了，和签门口失去了关联……西秦会馆、川主庙等公共建筑也相继亮相了，这会馆和庙前的小巷还是那般狭窄，里面的正殿和戏楼依旧是原模原样……董家祠堂、夏家院子、绣花楼、织女楼、木王客栈等等，那些曾如此熟悉的清代阁楼和院子也一一展现在了眼前。真都是些老相识啊！于是顿生出一丝亲切感，尽管面相服饰都有了些变化，似乎返老还童了……穿过第一关，几度俯仰，几经盘旋，便来到了总共也就1.5公里长的古镇最南端……嗨！那座亭台是啥？老龚滩可没见过啊，走近细查，原来竟是"文革"时期被捣毁的古迹文昌阁，再现了它昔日三檐六面的模样……一侧身，不期又见到了三抚庙，原来那座纪念历史上先后三位土司的穿斗木构小院还依旧立在那里呢，不过和原来在江边的位置一比，过于高高在上了……转头俯视江岸，居然又发现了一座石质牌坊，下来仔细一端详，咳！这不就是被毁了几十年的李氏贞节牌坊吗？只是体量似乎大了些，在上方中央又多出了一块"龚滩古镇"四字石刻……这一圈转下来，拜会了那么多清代和民国走来的遗老遗少。一盘算，吔！揽月楼跑到哪去了？不过来到江边往上一望，似乎座座都成了揽月楼，高高耸入云端。

如此匆匆把龚滩老友上下左右打量了一番，发现还有一些记忆中的老者没见面呢。天已擦黑，不得不等待下一轮的搜寻了。累了，有点腰酸背疼。江边石墩上歇个脚，喘口气，趁便整理了一下思路……

第二天一大早探访继续。又沿着镇子最东面也是最高的一条步道搜寻了一遍，将那些有点历史文物价值的清代老建筑如董家院子（现为龚滩镇幼儿园）、武庙正殿（现为民居）等都一一作了检阅。令人遗憾的是，明末土家女将军秦良玉的故居已不见了踪影，唯在北门附近留下了一个"三教寺"的地名……

原拆原建的川主庙，规模、结构、形制、用材一如先前，分层筑台，穿斗与筑台相结合，建筑两侧仍为"猫拱式"封火山墙。只是显得新了许多，缺少了清代建筑流传至今的历史沧桑感。

左：昔日的绣花楼为纯粹的干栏式民居建筑，今日其临街面也开办成了餐馆。

右：今日的织女楼，尽管仍采用了筑台与吊脚相结合的上店下宅形式，然规模发生了较大变化，增加了楼层和披檐，已是面目全非了。

　　行文至此，不得不插进一个题外的小故事。在四处寻找三教寺的当口，天下起了不大不小的雨。一位杨姓大姐邀我去她家暂避。时值下午用餐之时。杨大姐一阵忙活，准备了一桌餐食，请我享用。别说，还真丰盛呢，有川味香肠、大片老腊肉和多种土家乡村菜。咳！素不相识，无功受禄，我怎敢当？一番推让，盛情难却，也就厚着脸皮领受了。本打算给她点报酬，却似乎显得俗气——人家又不是开餐馆的。当然啰，闲谈中也了解到古镇搬迁中诸多鲜为人知的实情，不无收益。想，如此朴实憨厚的乡民啊，尽管搬迁了，真诚好客的本性，仍是植根于骨子里的！这不禁让人想起了2002年除夕，最后的纤夫冉启才大爷邀我父女俩去其家共度团年夜一起烫火锅，还有龚滩活字典罗子南的儿子媳妇听说我将又一次进龚滩时，专门杀鸡炖汤烧蹄花的往事。龚滩人，其情其意真让人感动啊！……终于雨停了，千谢万谢方才向杨大姐告了辞。

回过头来再说新古镇。一边巡查老房子一边琢磨：毕竟是新龚滩了，主要的老相识也大都见了面，尽管只是打了个招呼，未及详谈，感触却颇深。你看，木构穿斗房规整了，梁柱横平竖直，一改往日的残损和破旧；吊脚楼的支脚也更新了，笔直而又坚挺，再没有了那些横斜参差的临时性支架；新换上去的梁柱板壁等材料虽然也作了旧，但一眼就能辨别出来；房顶的瓦片也变得洁净了，没有了陈年的青苔藤蔓和杂草；石板小路也有了不同的感觉，重新铺就的，行走起来略感粗粝；有些砖木结构的建筑都换了一身新装，原来斑驳陆离的水痕陈迹都消失得无影无踪……连整个气息都变了呢，没了老龚滩那种撩人的沧桑感和浓稠的乡俗味儿，更别说那种地老天荒风尘仆仆给人的震撼了。没了，真的没有啦！不禁想，我们还能从无法攀及的蛮王洞去怀想祖先的艰难历程吗？还能从那远离的"四方井"听到流泉的乡音吗？还能从没有"杵眼"的小路上体会到龚滩是脚力背夫们的双肩背出来的吗？……当今的新龚滩镇确乎还是个半成品，尚需岁月的长期打磨。尽管许多建筑构件也是原拆原建的，如部分陈旧的梁柱、板壁、门扇、窗棂……有些甚至还带着昔日的红色记忆，尽管人们已把这新地儿称作了新龚滩古镇，但总觉得有点儿"山寨"之嫌，像是拼凑而成。新旧扭结，混陈杂糅。新耶？旧耶？无可名状。龚滩这位故友啊，挪个地方换了一身装束，已人是而物非。这个第一印象，不免让人感叹唏嘘！

被淹没的老龚滩也去拜访了一下。原来的新街也所剩无几了。被历史抛弃了的地方，没了人间烟火，苔痕上阶绿，草色染梁柱，残损荒颓得不成样子。逝者如斯，短短二十年，恍若回到了太古。周家院子因为地势较高而留在了原地未拆迁，成了个孤家寡人，不过主人家却随大流搬去了移民新区。毕竟这地方连称斤盐巴，打瓶酱油都找不到个地儿了。四方井还依旧涌出汩汩山泉，白白地流到乌江里去了……

终于，花了三五天时间，总算把龚滩镇的主要街巷、文物建筑以及历史构筑物等等，都作了个彻彻底底的清算和盘点。

具有三百多年历史的土司府，本书初版时称之为冉家院子，位于狭窄小巷内，拆迁新建后，露出了它的门脸。

土司府天井及房间内，已开辟成了一座袖珍土家民俗博物馆，可供游客参观。

第四章　繁华落尽　犹有余香　171

土司府的天井

老龚滩的清代古建筑都得到了很好的重建保护，原拆原建，还特地立了铭牌标识。这是修复后的武庙正殿，现已成为民居。武庙的其他附属建筑如配殿厢房等已坍圮不存。

## 2

经过几天来的判读和思考，两厢一比较，面对着这个全新的老朋友——新龚滩古镇，渐渐地，似乎也悟出了点儿什么……咳！过去的就让他过去吧，别再纠结啦。迁建嘛，总是会有一些变化的。不光是新与旧，连位置关系也不可能保持原样。要彻底回到过去怎么可能？老龚滩那种恍若混沌初开的洪荒时代留存下来的原始野性是不可能复制的。若真要复制，岂不成了舞台上的硬景？

古镇的搬迁是个系统工程，甚至比新建一座乡镇更为纷繁复杂。它既要保护好古代遗留下来的历史文物建筑，整体还原先前的原始聚落形态，保持原初的民居风貌特色，还得要考虑并实施迁建民居的现代功能革新，多方面兼顾。

于是，一个道理终于在心中慢慢明晰：决定不同文化表征的内在力量是相对恒定的，只要保持了其独特的文化特质和表象，也即是说格局如旧制，风格如原貌，有旧迹可寻，复苏了陈年的记忆，留住了抹不去的乡愁。就该是一种较为理想的搬迁境界了。

可不，想想徽州潜口迁建的徽派民居，阆中和丽江复建的老房子，不都是这样的吗？再想想江南那些被洋人买走而搬到了国外的木构老民居，怕不过也就如此罢了……龚滩镇的古今更替，细想起来，确也合乎情理。我们脚下的每一寸

曾家坪的小巷石梯坎，似乎比老龚滩的略显宽敞和高耸些，增加了餐馆、民俗客栈等，也热门了许多。

第四章 繁华落尽 犹有余香

土地，一百年前是什么样子？一千年一万年前呢？哪一处不是历经多次沧海桑田的演变？黄河多次改道，我们觉得很自然。现在修复的古长城，我们不会因为它不是先秦至明代时的"原生态"就不屑一顾。须知，它可要比现今两河流域恢复的古巴比伦城垣不知要真实了多少倍呢，可现今的巴比伦城垣不是还堂而皇之立在那里。黄鹤楼为长江大桥换了地儿，三峡工程让张飞庙挪了窝，现在的鹳雀楼、滕王阁等都是在废墟上多次重建，甚至移动了位置，人们也并没有因此而否定它们存在的价值。每每登临，旅人总是怀古论今，甚至赋诗凭吊……有句名言说得好，在辩证法面前，没有永恒不变的事物，这也符合现代系统哲学的演化规律。所以，对龚滩古镇的迁建，或有些许遗憾，也大可不必痛心疾首。时光不可能倒流，历史只能向前……意识就此转了个弯，于是渐渐地生出了一种认同感，心理便渐渐平复，最后终于释然了。

纵目远眺，新建的民居或依崖、或梭坡、或架空、或悬挑、或筑台、或吊脚……高低错落，起伏有致，石板街依然上下跌宕，蜿蜒幽深，神韵一如先前。尽管地形地貌有了些许差异，但它仍旧保留了街道的延续性即蜿蜒和起伏层次，还增加了房屋形态的变化。吊脚楼基本保持了与原结构的一致性，也更加坚稳牢固，不再那么悬吊吊的，让人担心它会崩塌下来。其沿街两侧建筑立面和原有空间节点特征几乎都一如旧制。一字街、蛇形街、爬山街、半边街、

现三抚庙的位置较之前有所移动，以前紧贴乌江边，现位于山坡上较高的位置。整体规模也显得宽大些。不过风格大致依旧，仍为民居风格的穿斗结构四合院宫庙建筑，入口为上几级台阶，从二层戏台下穿过的传统格局。

根据历史资料重新复建的文昌阁，现位于龚滩镇最南端的三抚庙旁，因文昌星而得名，传统文化认为文昌星是文运的象征，主科甲文运。昔日读书人尊奉文昌星皆为求取功名。老龚滩文昌阁被"文革"所毁，现恢复重建，说明新龚滩注重传统文化的继承与新文化的建设。如今的文昌阁，成为了新龚滩古镇南端的一座新地标，至此，龚滩古镇建设群落即告终结。

　　骑楼、挑楼、过街楼等等的空间形态特色也基本如故，街道宽度与临街建筑高度及组合关系也无什么大的变化。沿江景观视线也还算得上通透畅达。从江边向上仰望，吊脚楼的楼层似乎比老龚滩显得更高耸了些，宏伟了些，这是地势使然。确实，新龚滩并没有丢掉老龚滩山地民居建筑的原有格局和结构风格。只是整个老街的长度似乎比先前明显短了些，然而却更集中了。

　　龚滩的民居几乎皆为榫卯穿斗式全木结构。至今看不到让笔者先前担心会出现的卷帘门、灯箱广告、铝合金门窗等与环境不协调的材料和构件，尽管很多民宿、商铺、食店地面都铺了瓷砖，却仍保持着朴素的风貌。它还充分把握了"场地精神"，因地制宜，最大限度地拓展了使用空间，加大了室内使用面积，改善了居住条件。老龚滩一些杂乱无章，不修边幅的现象也得到了整治。百姓家中再也看不到烧柴火的牛角灶了，而是代之以煤气罐。冬天用木炭取暖的火桶也不见了踪影，而是改用了电烤火炉。家家户户也都修建了"制式的"冲水厕所。火烧坝子不再衰败荒凉。盐货码头也得到了整治。尽管签门口崩崖留下的巨石和崎岖小道不见了踪影。咳！总不至于把老龚滩的崩崖巨石也搬过来垒在这里吧。江边岸线，老龚滩那种石头碛坝也得到了治理，变成了滨河绿化带，增加了一些景观设计小品建筑，如亭台、廊道及观景小广场之类，丰富也

第四章　繁华落尽　犹有余香

节日即将来临，到了更换灯笼、檐灯的时候，工人们又忙碌起来。灯一换，小街上又面目一新。

是保护了江岸生态环境。这些，都是蛮野生荒的老龚滩所不具备的。

如果稍加留意便可以发现，这个新古镇中央有一条石板主街道，东边另有一条位置高些的环山步道以及西边最低的滨江步道，三条小路呈波浪形纵贯南北，而大致东西向的爬山街又把三条纵向街道并联起来，让整个古镇形成了一个网状格局。原残存的清代建筑基本上全都得到了复建。一些风貌民居木构房还增加了披檐、雨罨子、转角楼、过街楼之类，层次也显得更为丰富。尤其是其中的12处县级文物保护单位如西秦会馆、川主庙、董家祠堂、三抚庙、

176 巴渝古镇 · 龚滩

武庙正殿、杨家行、半边仓等清代建筑，都得到了较好的修复和保护。

还得说说檐灯。檐灯这道老龚滩的风景线如今也大为改观。一入夜，除了四方形老檐灯，凡路口、桥头、道路拐角处，都设置了路灯，家家户户更是大红灯笼高高挂，红光耀眼，有的建筑还设置了轮廓灯，增添了一抹时尚色彩，新龚滩古镇更为光鲜亮丽了。昔日的檐灯闪烁变成了今天的灯火通明，有了真正的夜生活。须知，老龚滩是连公共路灯也没有的呀，二十年前为拍摄檐灯，我父女俩在爬山道坐地摸黑滑行的狼狈相还记忆犹新呢……而现在的四方形老檐灯和红灯笼及路灯等，皆一并纳入了公共管理范围，全由政府出资了。红灯笼每年都得在新年和五一前更换两次呢。

令人意想不到的是，深夜时分，居然还恢复了中断几十年的打更习俗，旧时街巷中的打更是一种报时方式，更夫顺便吆喝着提醒居民，天干物燥，小心火烛，关好门窗，严防盗贼。而今有了新的功能，比如结合时政做一些简单的宣传工作，或传达上级紧急通知什么的，时效性更强了。外地如山西平遥古城等处也恢复了打更的习俗，不过那里敲的是铜锣，咣当咣当的，挺刺耳。当然啰，不管怎么着，时光流转，世事变迁，那失传已久的竹筒打更声重又响起："梆……梆……梆……梆……"总会把人们带入数十乃至数百年前的往昔岁月，引发幽幽情思。

原来老龚滩的小街小巷中，很难见到商业活动，甚觉荒芜冷清。乡民们大多是日出而作日落而息，至今保留着一天仅吃两顿饭，夜晚偶尔加个夜宵的传统生活习俗。很多人都外出打工，或靠赶转转儿场（这个场买来那个场卖）为生。搬迁前，笔者曾遍寻老街巷中的特色小食摊点，却颇感困难。唯发现了一两处制作绿豆粉的手工作坊，都是要将制成品白天背到新街去销售的，当然你想品尝，也可以给你煮上一碗，作料自己加，多少请便。还发现了一个卖油臣的，类似重庆城里的熨斗糕，也不过就开了个小窗口，本书初版中就收入了他，那是唯一。而现在的新龚滩，几乎家家户户都搞起了经营，或卖餐饮小吃，或办民宿客栈，或开酒吧K厅，或卖山货特产，或销售时令商品，还有背起背篼走街串巷叫卖的，不少

外地人也来此租铺面做起了生意,很多外出的打工者都回家乡创业了……游客更是络绎不绝,随处可见导游的小三角旗在舞动。这充分反映了旅游业的开发使龚滩人得到了实惠,增加了收入,生活质量得到了改善。若我们站在龚滩人的角度考虑,当然是欢迎的,应该点赞。不过也不免令人生出了一丝隐忧,如今的街巷中到处可以听到店家和游客南腔北调的讨价还价,少了昔日的淡泊闲适,多了今日的喧嚣嘈杂。新龚滩终于被裹挟进了商品经济的大潮。真担心龚滩将来会像丽江、束河、阆中之类的,整个儿变成个大卖场。

　　从古老的云贵高原上跌落下来的苍莽奔腾的乌江,因大坝的阻隔而在这深山峡谷里被婉约化了,龚滩的母亲河变得温柔了。这里成了一个和上下游都不一般的小系统。老龚滩和小银滩的"滩"没有了,水位升高,水面宽阔了许多,古人"倏忽渡危滩,凌波如拾级"的险滩变成了平静的湖面。莽山细流成了深山湖泊,老龚滩镇则变成了"水晶宫"。如今,没有了江涛的怒吼咆哮,不见了昔日的歪屁股小船,再也听不到船夫的号子,崖壁上的纤道和纤夫的身

两个更夫,每夜轮换上班。左图为陈庆云,龚滩镇民俗活动的积极分子,腹中的土家历史老故事、老民歌随口而出,看,他休息时还饶有趣味地讲述龚滩掌故呢。右图为卢茂伍,别看他平时沉默寡言,他可是54军的老战士,曾参加过1979年中越边境自卫还击作战,为惩罚越南小霸主立下过汗马功劳,与笔者曾为"同壕战友"。

老街上的"老船工农家乐"

"最后的纤夫"冉启才（前一章有介绍）之子冉茂生，为人耿直热情，人缘好，还是龚滩有名的孝子。龚滩搬迁新址后，茂生开办了一家餐饮客栈，并以其故去父亲的职业命名为"老船工农家乐"，担当起了家庭的重担。茂生还是个公益热心人，但凡镇里的大小公共事务，如节日庆典、环境治理，乃至镇民婚丧嫁娶，皆积极协助张罗参与。茂生还醉心于诗词书法的创作，颇具功力，其七绝诗，有前人竹枝词韵味。（图片由冉茂生供搞）

悬挂在"老船工农家乐"板墙上的这幅老照片，是摄影家杨润渝特地为冉启才拍摄制作的，它成了老船工家的一张经典传世照片。（冉茂生供稿）

180　巴渝古镇·龚滩

影也绝迹了，盐货码头变成了游船码头，外来的游客在崇山峻岭中可以欣赏到一片僻远清幽的湖光山色。你别说，真还是"晴方好，雨亦奇"呢！要是驾船或泛舟，还可以观赏到百里乌江画廊的幽远景致，别是一番韵味。彭水电站的大坝未能把世界隔绝在山门之外，却吸引来了更多的游客，带来了兴旺。

## 3

龚滩古镇搬迁建设的成功，无不得力于迁建有了以人为本的出发点，以及精心的设计和布局。重庆大学城市规划与设计研究院对新龚滩风貌民居建筑的平面、立面、剖面进行了统一规划设计，对街面木构房的檐口高度也作了严格控制，连凤凰山和马鞍城的天际轮廓线也列入了保护范围。重庆市文物局出台了《龚滩古镇风貌民居复建实施规定》，要求复建必须严格按照规划设计实施。更有赖

搬迁至小银滩后的新龚滩镇，在其中段临江一侧增建了一个小型观景游乐广场，古镇居民和游客，又多了一个休闲观景的好去处。

第四章　繁华落尽　犹有余香

新龚滩镇北端的临江吊脚楼群

于县、镇各级政府制定了迁建原则,即"原规模、原风貌、原特色、原工艺"和"保护历史真实性"等等。并对施工严密监督管控,对多达十数万平方米占地面积的民居复建工作进行具体指导。甚至细到建筑装饰风格、材料及工艺手法等都作了明确规定。如尽可能采用老建筑拆除的原有材料,最大可能确保了民居建筑的原有风貌。现在的新龚滩镇,新街与老街拉开了一定的距离,不在同一条或邻近的等高线上与老房子相互穿插,中间隔着一条公路和较宽的绿化带。靠近江边的老街相对独立纯粹了。新街则位于明显的更高一级的台地上,被称为了移民开发区,这也是值得赞许的。

当然,因为一些无法克服的原因,一些老遗址、老痕迹没有了。如街面上"三步两打杵"留下的杵眼、四方井古老的流泉(新龚滩居民全部改用了自来水)等,都是无法搬迁或复制的;三教寺亦即明末土家女将军秦良玉的故居不见了踪影,因为它早已不是原貌,未被列入文物保护范围,那岩壁上的虎皮黄葛树也无法移植;武庙也仅剩下了一座正殿,其余附属建筑也早已坍圮;原横跨阿蓬江的龚滩大桥被炸毁已不复存在,于更上游处修建了新桥;"义渡"

新龚滩新景点,这是老龚滩未见的景致。此楼建有一个"出挑式"吊脚阳台,造型别致,农具风车和簸箕都成了展示品,吸引了众多画家和美术学生来此写生。

刻石也永远沉睡江底难觅踪迹;新龚滩对面贵州山的崖壁上,再也看不到那古老的蛮王洞了,它被甩到了两公里之外,水位高时,浪就可以涌进洞里,古代巴人的民间传说似乎难以为继;那"惊涛拍岸"的题字已几近水面,没了昔日半崖上的气势,而任由江水冲刷拍打着;解放龚滩留下的烈士墓地也已迁到了酉阳县城附近……历史让新老龚滩被迫作了一个时空隔断,未免显得有些无奈。

周边还存在一些不甚理想的地方就不必过多饶舌了。唯沿江从北至南正在修建的一个观景平台显得过于宽大,实际上是将滨江步道大面积向江面上铺张延伸,将先前设计的滨江绿化带全部覆盖了,这样便割裂了原始崖岩坡岸与江水的自然关系,一条风景带遭到抹杀,免不了让人感到一种失落!还有,镇南端古老的临江崖壁堡坎上突兀地出现了一大片由各类古今繁简字体"盐"字方框组成的"现代设计",也与古镇风貌格格不入,无异于画蛇添足,看来还有待于继续完善。不过,这些都是笔者的一己之见。

古往今来,时空转移,若之奈何?这也算是一些小小的遗憾吧。

至于乌江支流阿蓬江畔红花村的变化,我们姑且把它理解为正

毁于"文革"时期的李氏贞节牌坊得到了复建，现位于新龚滩南端沿江步道入口处。

常的"进化"吧，尽管几乎都变成了水泥砖石结构建筑，恍眼望过去更像一栋栋小别墅。所幸的是，上游的清泉乡只是将阿蓬江上的风雨廊桥向上游方向移动了几百米，那"天下第一大石磨"也换了个位置，而山上的鹅儿村则基本上没受到什么影响。

一言以蔽之，也是理性地说吧，龚滩古镇的迁建总体上是较为成功的，迁建有得有失，这是发自内心的真实感受。

笔者也算见证了新老龚滩的变迁。古老的龚滩终于在被江水窒息之前转移了阵地，在被历史遗忘之际留下了一个标本。这是一个极其难得的中国西南山地古集镇干栏式建筑群鲜活的标本。老龚滩就这样脱胎换骨，摇身一变，变成了新龚滩。或者这样说吧，经过一个螺旋式的上升，龚滩古镇已在一个更高的层面上重新崛起。它，仍如一本泛黄的古籍，可让人去寻觅散落的逸事，聆听渺远的传说，品味陈年的老酿。

新龚滩古镇于 2008 年 10 月开街迎客。成为了国家 4A 级旅游景区，被誉为重庆第一历史文化名镇，获全国最美山水小镇之一美誉，还获评中国最受网民喜爱的十大古村镇之一。这是建筑专家们、外地观光客和本地土著居民们都能够聊以自慰的。

凤凰涅槃，新龚滩，终于又一次迎来了它的黄金时代。

骑楼下的人间烟火。

新龚滩的木构吊脚楼，普遍比老龚滩的高大宽敞了许多，楼层也增加了，还增设了厨房和厕所，极大地改善了居民的住房条件。

在陡峭的山崖上建成的过街楼。

新龚滩北端江边建成了一座游船码头,仿佛老龚滩的二河坝。在这里登船,可沿江欣赏到百里乌江画廊的原始美景。

## 二　风物显神采

1

来新龚滩之前曾想过，进老龚滩是读一种文化，而进新龚滩该读什么？还是一头雾水呢。来了，果真还得到一个惊喜。

如果说 2002 年 5 月举办的世界攀岩运动会为老龚滩揭开了神秘的面纱，那么现在新龚滩古镇的一系列传统民族民间文化活动的挖掘、研究、整理、展演，则是彻底打开了山门，迎来了新时代新龚滩文化和经济的大发展。它也必将使这华夏一隅独具魅力的非物质文化遗产地得到更好的保护和传承。

中国非物质文化遗产标志

新龚滩镇成功地进行了经济转型，旅游业成了其支柱产业。传统文化的独特景观和众多"非遗"项目的展示，再现了古代巴人的精神世界和现实生活情景。老传统的再现，已成了新龚滩打造"非遗"小镇的新名片。这是古镇生命形式的一种奇妙的转换，是出人意料的又一次起步。传统文化和民族精神将长久永存。古镇此前连续举办的"千年非遗闹龚滩·名俗文化过大年"活动，让封存了千年的醇香，重又弥漫在了乌江峡谷的上空。不得不承认，新龚滩是把经济发展和民族文化保护结合得较好的成功范例。

昔日，川（渝）东、湘西、鄂西乃至黔东北，也就是土家族聚集的巫山和武陵山区，属"巫系文化"范畴，巫风盛行。下里巴人"喜鬼尚巫""言语侏偅""连腰踏蹄"皆系古代巴人巫文化的主要特征。这些特征经历了由图腾崇拜、祖先崇拜、土王崇拜直至巫师崇拜的演变过程。这一区域乃中国湖湘文化的起源之地。赋有灵性的高天厚土孕育了灿烂的民族文化，其源头可以上溯至数千年前上古时代的巫歌神舞。可以说，古代诗人屈原就是在这样的环境中常年浸淫，耳闻目染而成长起来的，所以他的《楚辞》诸篇都无不打上了巫觋祷词的烙印。

非物质文化遗产是指各个不同民族世代相传的，种种传统民族文化独具特色的表现形式。包括口头文学、传统技艺、美术、音乐、舞蹈、戏剧、医药乃至历法、礼仪、民俗节庆等，极具宗教学、民俗学、文化人类学的研究价值。

长久的历史尘埃曾把这种文化封存了起来，然而历史的线索却未曾中断。当我们佛开尘土，看到的古文化却历久弥新。现在，古镇的文化传统被重新挖掘整理了出来，成为了独特的文化表演项目，并有多项列入了不同级别的非物质文化遗产，熠熠生辉，光彩夺目。"非遗"是历史的见证，更是珍贵的资源。这些都是当地政府现在着力培植的项目。我们当然应该采取保护措施，继续传承下去，决不能让它断送在我们这代人手中。

龚滩古镇现存的非遗项目有，国家级《土家族摆手舞》《酉阳民歌》《酉阳古歌》（本书初版时称其老名为《梯玛神歌》，于申遗时更名）；重庆市级《面具阳戏》《耍锣鼓》《打绕棺》《哭嫁》《薅草锣鼓》《苗族刺绣》《龚滩绿豆粉制作》以及多种传统地域特色食品的制作技艺等二十多项。龚滩的元宵舞龙也是一大特色，很值得观赏。

近几年来，凡年节期间，龚滩每年都举办了以上项目的展示表

镶嵌在西秦会馆板壁上的市级"非物质文化遗产"和传习所标牌。现在，西秦会馆已成为了平时展示表演"非遗"项目的主要场所。

演。届时，往往是人山人海，热闹非凡。可以说，这里是最具巴渝民间年节意味的地方。

《土家族摆手舞》《酉阳民歌》《酉阳古歌》《哭嫁》和《龚滩绿豆粉制作》等在本书初版时（2003年9月）作了一些简要的介绍。然而当时还没有"非物质文化遗产"一说呢，所以，也只是一般提及罢了。

联合国教科文组织于2003年10月第32届大会上通过了《保护非物质文化遗产公约》，2006年4月生效。中国于2004年8月加入该条约。2006年6月10日被确定为中国第一个"文化遗产日"，中国的非物质文化遗产有了标志（见图）。2013年11月中国正式成立了非物质文化遗产协会。此后，中国"非遗"的挖掘、整理、保护、展演便轰轰烈烈地开展了起来。其实，龚滩镇政府一直重视民间文化的保护和传承。所以，早在世界"非遗公约"诞生之前就开始了。如今，县文化委员会还在西秦会馆内专门成立了上刀山、耍锣鼓、面具阳戏等传习所。西秦会馆成了龚滩"非遗"大本营。

现对龚滩"非遗"项目择其要者作一简介，让我们直观地认识认识这些"非遗"传承人及其表演，以瞻他们的非凡风采。

### 《酉阳古歌》（原名《梯玛神歌》　传承人：吴少强）

"梯玛"为土家语，即巫师，昔日也称"土老师"。古代土家先民的祭祀仪式及整个活动皆由梯玛主持，其所吟诵或唱祭之词就称作"巫傩诗文"，这也就是"梯玛神歌"。它是由上古的鬼神崇拜、土王崇拜、祖先崇拜等原始乡土宗教观念，融入了儒、道、释中的相关内容杂糅而成，其实就是由流传于武陵山及巫山地区的上古巫歌衍变而来。沿袭相传至今，已有多种版本。其吟诵或唱祭之词具有上古遗风，奇异诡谲，隐秘怪诞，玄妙莫测。当然，从那"巫"之中，我们能窥探到土家的创世故事及先民早期的社会生活，领略到武陵山及巫山地区强悍粗犷的山野民风。

2011年5月，《酉阳古歌》被列入第三批国家级"非遗"名录。

现在，听听《梯玛神歌》的吟诵，看看"上刀山""下火海"的表演，能让我们充分体验上古流传至今的土家传统文化的神秘和玄妙。

身着传统法衣，手执司力，口吹牛角土号的当代"梯玛"吴少强。（吴少强供稿 凌云摄）

吴少强作上刀山表演（吴少强供稿）

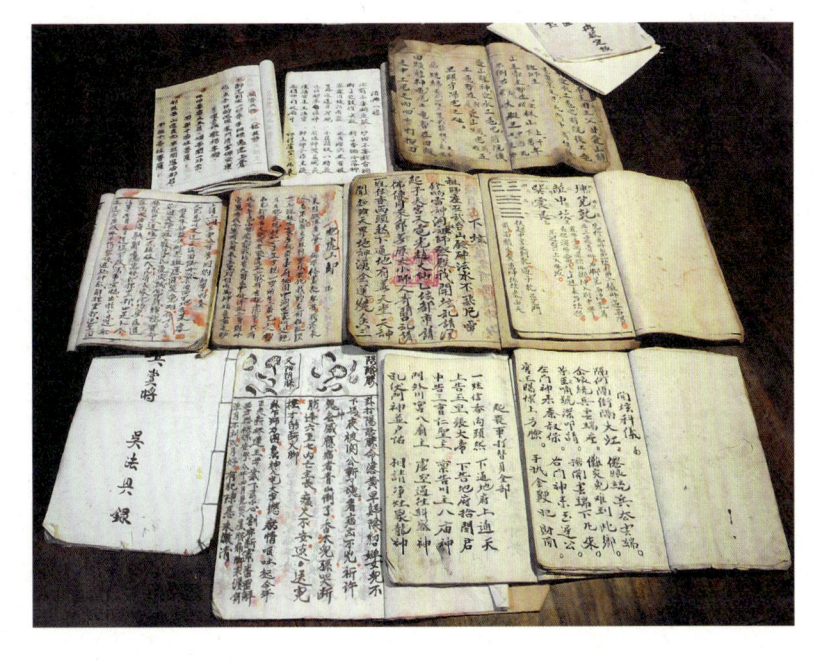

"巫傩诗文"被视为土家上古神秘文化的浓缩本。此为其众多剧本之一部分。

第四章　繁华落尽　犹有余香　191

《面具阳戏》（传承人：黄秀祥、黄国华等及其团队 20 多人）

"面具阳戏"是戴着面具表演的戏剧，民间又俗称"脸壳戏"，或曰"跳戏"。所谓"阳戏"，是与做道场、打绕棺之类的"阴戏"相对而言。它是一种古老的原始戏剧。溯其源，恐怕就要和洪荒时代巴人的"茅古斯"联系起来了。应该说，它和摆手舞具有共同的源头，有好几千年的历史了。

历史上留传下来的古老的阳戏面具。

其实"跳戏"这一称呼就隐隐暗示了它和摆手舞的关系。摆手舞侧重于舞蹈动作的表演，而阳戏则侧重于故事情节的演绎。如此一源两流发展下来……大约到了唐代，土苗杂居，它又结合了苗族的"傩愿戏"，开始盛行于酉阳西部地区尤其是龚滩周边乡村。所以有人认为阳戏是从唐代时开始的。面具阳戏主要表现历史故事，颂扬祖先的创业功德，祈求保佑人畜兴旺，五谷丰登，当然也作为一种娱乐形式而存在。它发展至今剧目繁多，曲牌丰富。现存有《平叛招亲》《中堂传》《龙凤再生缘》《蟒蛇记》《水红花》《大孝记》等十余个剧目。一个演员可以充当多个男角，仅换一副面具即

面具阳戏《平叛招亲》中的一个场景

面具阳戏传承人黄国华戏装照　　黄秀强戏装照（吴少强摄）　　黄秀强戏装照（饰旦角）　　黄世飞戏装照

可。女旦也由男性扮演，仅化装，不戴面具。面具阳戏表演动作并不讲究高难度，也不追求惊险刺激，其艺术风格粗犷古朴，充满谐趣。面具阳戏被当代戏剧史研究者誉为中国戏剧的"活化石"。

2007年5月，"面具阳戏"被列入重庆市第一批市级"非遗"名录。

### 《酉阳耍锣鼓》（传承人：李明等）

"耍锣鼓"在龚滩也称为"打家伙"。据传，它源自明代。数百年来，一直是土家山寨婚丧嫁娶等民俗活动中不可或缺的表演项目。具有独特的地域文化特色和艺术风格。

锣鼓，是指盆鼓、大钹、马锣、大锣四种打击乐器。耍锣鼓，由四个人各执掌一乐器进行表演。四人各司其职。而击鼓者为其统领指挥，操控着乐曲的节奏和速度，其作用类似于京剧的板鼓。大锣为乐曲骨架，起着主旋律支撑作用。大钹以反打为主，正打加花穿插，控制着韵脚。马锣主要为穿花功能，正穿反穿、密穿疏穿，把乐曲"编织"起来。各种乐器的使用都有其不同的特殊技巧。演奏配合协调，密而不杂，疏而不散，风格原始古朴，极富神秘色彩。

表演时，锣鼓声轰然响起，人与音乐同时起舞，或急促，或舒缓，时而高亢激烈，时而低沉婉转，交替转换，热烈奔放，激昂振

奋，震人心魄。打家伙简便易行，具有广泛的群众基础，说干就可以干起来。倘若在大庭广众之中，其表演具有极强的感染力，观赏者也会沉浸其中，情不自禁地随之手舞足蹈起来。每每观赏龚滩打家伙，那总是群情激奋，情绪高昂啊！

2013年，"耍锣鼓"被列入重庆市第四批市级"非遗"名录。

耍锣鼓的舞台表演（邱洪斌摄）

"非遗"表演"耍锣鼓"　传承人从左至右：冉西光、李明、董仕明、田景禄

## 2

**先生书屋**

新龚滩古镇建成开街后，渐渐便出现了一些意想不到的新气象、新景观。其中很值得一提的是，在曾家坪这个地理高地，赫然出现了一家"先生书屋"。

这天笔者无意间闯了进去，不觉眼前一亮。发现书屋一楼店面陈设着书画工艺品，二楼却是满满的藏书，文、史、哲、艺术及地方史文献类书籍尤为突出，尤其是鲁迅著作及其研究方面的书籍。无疑，这些藏书表明了书屋主人的文化定位和价值取向。

于是，和书屋的主人相识了。

书屋主人戚玉龙先生本为甘肃陇南人，2010年大学毕业后就职于重庆市巴南区图书馆，负责古籍整理辑录工作。2013年两次探访新龚滩，被其古老的文化积淀所震撼，于是毅然决定从图书馆辞职，而在古镇购置了一栋三层小楼，长期驻扎了下来。真是敢作敢为的性情中人啦！清瘦的脸上留着一片小胡子，着一袭旧式青布长衫的玉龙先生，总让人联想起那些著名的民国先生。

先生书屋阁楼上的夜读时光　戚玉龙在书写中国民主同盟史。这是他的生活日常，每天夜幕降临，先生就安静下来，看书、写字、画画。（戚玉龙供稿）

从最初的手绘艺术品小店到先生书屋的初建，经历了很多故事。重庆市民盟文化委通过重庆图书馆募集到一千余册图书，让其藏书有了最初的规模。2015年元旦，一场"中国青年诗人入驻龚滩"活动，让先生书屋的公益阅读平台走出古镇，面向了全国。从而越来越多的外地游客慕名而来，返家后还主动联系捐赠图书，致使先生书屋的规模逐渐扩大。游客捐赠图书，几乎成为了一种常态。至目前，书屋藏书量现已达到七千余册。

2018年教师节始，先生书屋联合古镇颗颗星幼儿园，举办了"开蒙启智"阅读推广活动，每周二、三、四上午举行。这样的活动，对孩子们的启蒙教育起到了很好的作用。至

第四章　繁华落尽　犹有余香

今,"开蒙启智"活动已举办了40多场。先生说,这种活动将会长期持续下去。现在书屋适合儿童阅读的有近千册故事绘本,均为外地游客捐赠。

2018年书屋参与了广西师范大学出版社发起的"阅读一小时"活动,取得了良好的效果,参与读者来自全国各地,仅古镇中小学生和幼儿园小读者,就有百余人。

在有关龚滩的古籍史料、龚滩遗留老物件的收集方面,玉龙先生也下了相当的功夫。他说:"希图通过可触摸的史籍来呈现古镇历史文化的厚重感。"这是很有见地的。先生书屋借助传统媒体和新媒体宣传平台,竭力推广和宣传古镇,营造古镇的书香气息,尤其是公益阅读的推广,为创造"书香龚滩"起到了积极的推动作用。

位于龚滩镇曾家坪七号的"先生书屋",成为了游客读者的打卡地。

先生书屋还携手古镇景区,联袂打造"书香龚滩"。书屋除经营手绘艺术品外,坚持公益性质,欢迎有兴趣的游客光临。其藏书可供检索阅读,但不出售。如有游客喜欢其所藏龚滩史料,他甚至可以无偿奉送。实际上书屋已成了新龚滩的一个袖珍图书馆。玉龙先生自己还编写了一本以龚滩古镇为专题内容的,图文并茂的散文诗集——《艺境》,在社会上广为流传。书屋还不定期举办主题性阅读分享会、诗歌沙龙和围炉夜话活动,都起到了良好的社会效果。

先生书屋以文会友,广交天下。当一个人疲于奔命的时候,生活已经远你而去了。行旅诸君若有机缘光临于此,或许是个小确幸呢!你坐下来,舒缓舒缓跋涉的节奏,体味体味这"慢阅读,慢生

先生书屋门口，有公益阅读推广、民盟摄影协会采风基地、龙画石工作室等牌匾。

"开蒙启智"少儿阅读推广活动现场　古镇颗颗星幼儿园的孩子们在先生书屋二楼书厅阅读绘本，每周如此。（戚玉龙供稿）

活"，无疑是一种高品位的文化享受。不是有句名言说："慢下来的人生，才能走得更快"吗？

先生书屋还有更大的手笔呢。老龚滩历史上曾有过一座"龚滩书院"，惜已随科举的废除而弃置。后在其废墟上建起了龚滩小学和中学。龚滩迁建后，校址迁到了人口较密集的开发区。玉龙先生有意恢复龚滩书院，企望借以打造一个新龚滩的文化高地和更大的阅读平台，以利于"书香龚滩"的建设。显然，这一工程仅凭其一

第四章　繁华落尽　犹有余香

己之力是难以成就的。先生争取能列入政府的建设项目，正多方联系企业家等社会力量来合力打造。

"先生书屋"无疑成了新龚滩古镇文化生活一个突出的新亮点。也成了四方游客尤其是文人雅士的打卡地。

### 吴冠中纪念馆　龚滩美术馆

龚滩镇曾家坪这个地方不仅是个地理高地，还是一个文化高地。"书香龚滩"在这里得到了集中体现。在这里，新近落成了两座文化建筑，那就是"吴冠中纪念馆"和"龚滩美术馆"。

当代著名艺术家，艺术教育家，原中央工艺美术学院（现清华大学美术学院）教授吴冠中先生曾于1984年来到老龚滩古镇写生，历时半个多月，留下了较多墨宝。为此新龚滩镇特地修建了"吴冠中纪念馆"。该馆一楼大厅除了展出吴先生的经典作品复制品，也陈列和展出当代艺术家的优秀写生作品。纪念馆二楼为吴先生生平事迹展览，陈列有吴先生史料35册（卷），手稿三件以及其留法时期的书面答卷一份，为吴先生的生平勾画了一个简要的轮廓。这些史料均为"先生书屋"典藏。

新龚滩古镇现已成为艺术院校师生写生实践的重要基地。自开

龚滩美术馆　古镇当代艺术品展览馆，为古镇写生搭建的艺术平台，主要展出各高校师生写生艺术节优秀作品，营造艺术氛围，提升古镇艺术水平。（戚玉龙稿供）

吴冠中纪念馆 一楼展陈当代艺术品，与美术馆共同打造"书香龚滩"艺术氛围；二楼展陈吴冠中生平事迹、史料、手稿等（皆为先生书屋提供），还设有艺术讲座、专题研究等场所。现在，民盟中央已授牌吴冠中纪念馆为"中国民主同盟传统教育基地"。（戚玉龙供稿）

启春季的写生艺术节以来，已延续了四届。这一活动今年还将升级为写生艺术季，高校师生写生活动将走向常态化。当然，龚滩得益于大自然的恩赐，其独特的人文地理风貌四季皆可入画，常年都是写生的好时机。

2020年11月初，以四川美院副院长候宝川龚滩风景写生个展开启纪元，一个全国罕见的镇级美术馆——"龚滩美术馆"由此诞生。龚滩美术馆主要展陈和收藏侧重于古镇写生的当代优秀艺术作品，为写生艺术季提供了一个展示平台，深入营造了龚滩古镇的艺术氛围，提升了龚滩古镇的文化品味。

吴冠中先生为"民盟先贤"，而戚玉龙先生则是"民盟后生"，现为民盟重庆市文化委员。两位才华横溢的非同代人走上了同一条文化道路，共同的兴趣爱好、艺术观、事业心和社会责任感，使素未谋面的两代民盟人在古镇龚滩相遇相识相知，真是一段人生奇缘。

"吴冠中纪念馆"和"龚滩美术馆"的后期开拓发展具体事宜，均由"先生书屋"主人戚玉龙先生负责。"书屋""纪念馆""美术馆"三位一体，成为了酉阳县唯一的重庆市民盟传统教育基地。

"吴冠中纪念馆"和"龚滩美术馆"是新龚滩的文化沙龙，一落成即胜友如云，高朋满座，已成为了艺术家和美术爱好者们龚滩之行的必到之处。

新龚滩的骑楼

江边步道旁新建的观景廊桥

观景廊桥夜景

搬迁重建的桥重桥（上）

搬迁重建的阿弥陀佛桥（下）

第四章　繁华落尽　犹有余香　203

江南客栈

新龚滩的临江吊脚楼群

新滩滩的临江吊脚楼

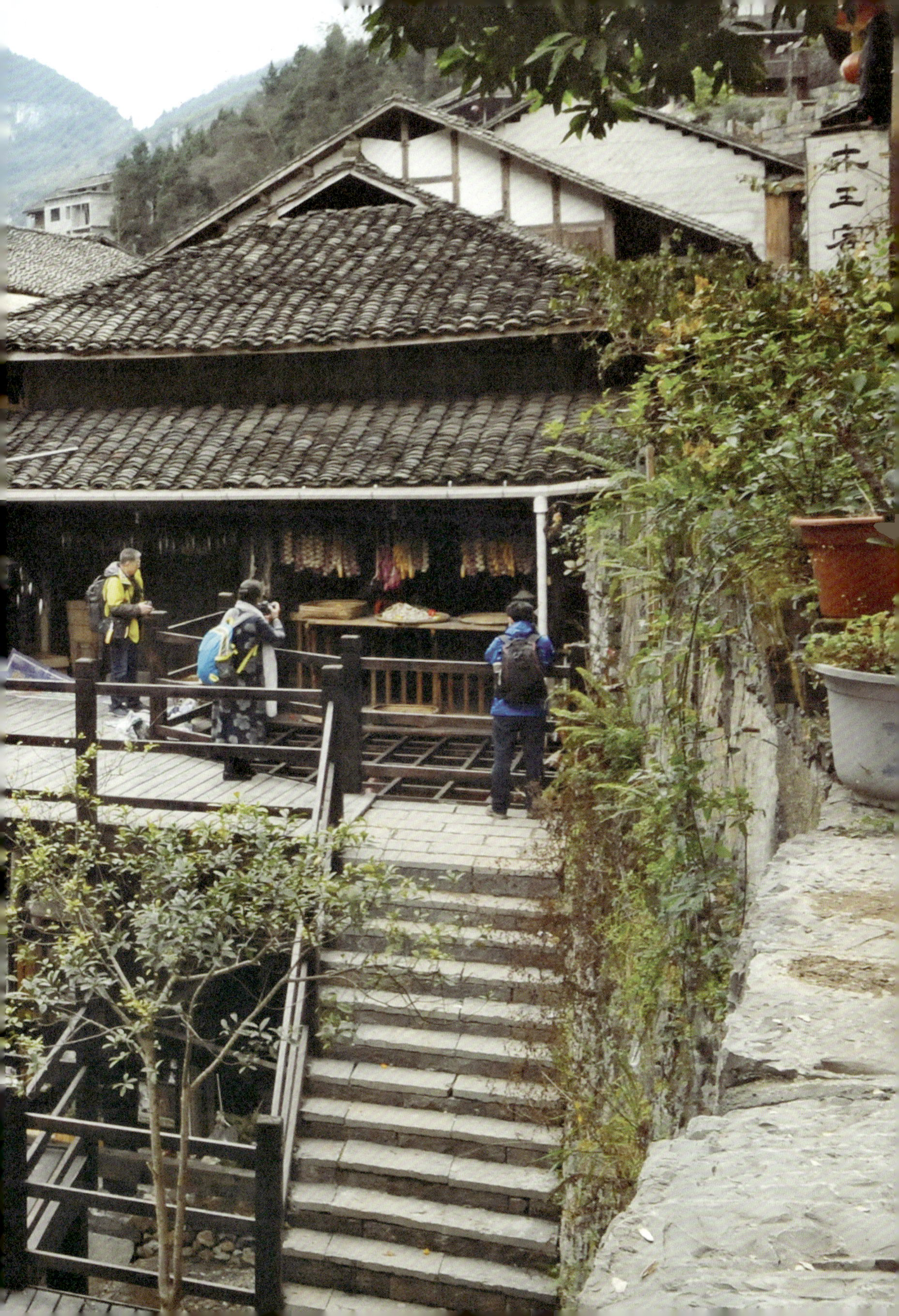
木王客

昔日极盛一时的歪屁股船，已成了今日的展示品

新龚滩镇北侧山脊的崩崖岩壁上，密集散布着远古巴人的悬棺葬遗迹。现有公路直通其旁，对考古学、民族学、文化人类学和历史文献等有兴趣的游客可近距离观览这一数千年前遗留下来的悬棺葬文化遗迹

# 结束语

　　龚滩从古代走来，一千七百年了，默默无闻。当然近代也曾有过灵光一闪，然而倏忽又归于沉寂。时光以加速度一扫而过，龚滩峡谷似乎已经凝固，大千世界恍若又过千年。

　　正因为如此，那龚滩峡谷中，反倒为我们留住了绿色，留住了岁月，留住了文化，从而留给了我们一笔丰厚的遗产，让我们得以有机会认识我们的过去，反省我们的现在，规划我们的未来。

　　绿色龚滩，岁月龚滩，文化龚滩。这笔遗产是不可多得的巨大财富。

　　当我们从都市的钢筋混凝土森林中走出来，面对龚滩，我们走进了真正的绿色。我们可以爬上草莽中的吊脚楼，体味那带着吱嘎声响的朴素和静谧，凭栏眺望那豆绿的江水和峡谷中袅袅飘升的云烟。我们又闻到了泥土的芬芳，听到了小鸟的歌唱，呼吸着纯净的空气，沐浴着灿烂的阳光……我们享受着古朴的原始生态带给我们的狂喜。那是一种生命源头的享受，是现代人类的梦想。

　　当我们从急功近利的纷繁忙乱中抽身出来，面对龚滩，我们真正走进了永恒。古老的纤道、闪烁的檐灯、石板路上铁打杵留下的深深烙印、老木屋上风雨和山洪留下的斑斑痕迹，还有那维系世代繁衍凝聚家族人心的火铺……无不让人重温起往昔的岁月、祖先的梦想。我们感到一种来自历史的精神冲击。我们为先民顽强的生命力和坚忍不拔的意志而受到震撼。我们站在祖先的面前，聆听着历史的教诲。

当我们从灯红酒绿的娱乐城、夜总会中走出来，面对龚滩，我们真正走进了文化。我们品尝到巴人咂酒的醇厚，体味到木叶情歌的率真，感受到摆手舞的潇洒和浪漫，领略到远古传说的玄妙和神秘，我们从虎饰文物上发现了豪迈和粗犷，从"梯玛神歌"中体会出了坚韧和顽强……这些全出自世间最纯朴最刚直的心灵。我们看到了一个民族依稀的背影，感受到了它的意志与魂魄，触摸到了它的文化根脉。我们走进了巴文化的藏经洞，拂开尘土就可以发现闪光。

这是一种刻骨铭心的体验。

不错，龚滩的容貌的确显得尤为苍老，似乎也不怎么修边幅，但它却总是那样精神矍铄，带着乐观与期望。繁华落尽，犹有余香。在龚滩古镇那看似落寞的景象中，透露出了一种浓浓的人文精神，一种使人肃然起敬使人沉入思考的文化品格。

面对龚滩，作为群体我们意识到，一个民族，没有历史意识和沧桑感，同缺乏创造精神一样，是没有出路的。有了这种意识，才能获得超越历史局限的力量，一旦超越，我们的民族便具有了无限发展的可能性。

作为个人我们意识到，当民族的沧桑历史和创造精神一旦融入自己的心灵，我们就会获得一种神圣的使命感和事业心，那种平时在面对世事的莫测和时代的变幻时而生出的迷惘和踟蹰便会为之一扫，于是我们又可以勇敢地面对人生，面对世界，面对 AI 时代对我们提出的挑战了。

这，便是龚滩给我们的可贵启示。

←下水至彭水、涪陵

老龚滩镇（上）与新龚滩镇（下）全景对比图

上水至沿河、思南→

新龚滩镇位于老龚滩镇沿乌江下游近两公里处，亦即新镇向北移动了近两公里，仍位于凤凰山下。新龚滩镇恰位于凤凰山两座山峰间鞍部的下方，保留了自然优美的天际轮廓线即凤凰山的山脊轮廓线。画面左侧山峰为苗族首领金头和尚起义而占山为王的马鞍城（也称铁围城），现留有铁围城遗迹，可供参观凭吊。马鞍城下左侧崖壁上还留有远古巴人的悬棺遗迹。下图沿江一线的深色建筑物为复建的龚滩古镇。以酉彭公路为界，稍高处的白色水泥建筑群为移民开发区。

第四章　繁华落尽　犹有余香　213